LUMINAIRE

光启

守望思想　　逐光启航

杨善华 著

做田野

上海人民出版社

LUMINAIRE BOOKS
光启书局

目 录

代前言

着眼于学生能力的培养——关于田野调查"制度化"的探索

杨善华

2022 年春，为纪念北京大学社会学系恢复建系 40 周年，我应邀写了《锲而不舍，砥砺前行》一文，回忆了自 1984 年秋起，在社会学系求学与任教的经历。而如何带领学生做好田野调查这件事，是我文中的一个重点。如文中所言，这个问题的解决有一个相当长的过程，但是最初的出发点则在于自己想做的一件事——对学生的"提携"。我一直想着自己在北大社会学系读书的时候，"雷（洁琼）先生、袁（方）先生他们是怎么提携我，怎么奖掖后进的。雷先生对我的每点进步都是由衷地高兴，希望我能更快成长起来。她想的是社会学这门学科的发展需要更多成熟的学者。所以我觉得自己的责任就是把自己接过来的薪火，再传给后来的学生，使北京大学社会学的传统，能够一代代传下去。提携的另一层意思是不要怕学生超过自己，要利用自己手里的资源，尽量给学生提供发展的空间和机会"。[①] 对于这个发展的空间与机会，我最初的理解是向学术杂志推荐优秀的学生（毕业）论文，争取发表；另一点就是像雷先生那样，为学生提供参与社会调查的机会。我刚当老师的时候也是这么做的。我用自己手里与美国密歇根大学社会学系的合作课题，在1988级、1990级和1991级本科生需要完成综合实习课程时带他们去保定市调查，解决了这一问题。

到了1992年，我评上副教授开始带研究生时，因为没有经验，最初也就是提供调查的机会。1996年初春，我们因为与香港理工大学应用社会科学系的合作项目，在河北平山西水碾村开始了我们最早的田野调查。当时我指导的学生，从李猛算起，几乎都去过。后来，1996级硕士研究生吴愈晓还去过我们另一个项目的田野工作点——浙江慈溪。在这些地方，我基本上都是采取"放羊"的做法，让他们自己完成调查。我这样做的另一个原因是我在田野调

---

① 杨善华：《锲而不舍，砥砺前行》，北京大学社会学系编：《学缘：我和北大社会学》，北京：北京大学出版社，2023年，第88页。

查的访谈和观察方面也是刚刚起步，即使学生需要指导也指导不了。但是到了 2000 年，我就发现，即使是在北大，也不是所有的学生都能达到像李猛或赵力涛那样的优秀。这个时候的"放羊"无疑就是我不负责任了。我因此很自责，决心改变"放羊"的做法。

2000 年高校扩招，我指导的硕士生和博士生都增加了。对于社会学这样的经验学科来说，多数同学只能通过田野调查或者问卷调查取得经验材料或数据资料，然后完成论文。这时我的田野调查就与学生培养紧密相关了。当时我对自己提出的要求是每次田野调查都要亲力亲为，果然也发现了一些问题。2001 年夏天在慈溪调查时我注意到，我指导的一个从外校考过来的 2000 级博士生明显有点跟不上——既缺少社会学的专业训练，也缺少田野调查的方法和技能。那个时候我们晚上有讨论会，轮到她讲时她的发言有点不着边际，同去的程为敏老师也提醒我关注她。我跟她谈了一次，了解到她本科专业其实不是社会学，读硕士时导师又不幸突然去世，因此她所受的社会学的专业训练就可想而知。我的承诺是让她多参加调查，我也会更多地关注她，和她讨论。我对她的一个要求是每次调查回校后都要写调查日记，而且写完了一定发给我看，我看完也会给她反馈。当年（2001、2002）她写的慈溪和银川郊区的调查日记现在已经变成我们团队的历史档案了。

亲力亲为的另一个做法就是每晚主持关于调查的讨论会，要求所有同学都就当天访谈的观感发言，而我和其他参与调查的老师则会在每个同学的发言结束后马上给予点评，肯定发言中有价值的地方，同时也指出其发言的不足。这种即时点评的优点马上就被参加调查的学生感受到了，我指导的另一个2000级博士研究生刘畅那时就对我说："杨老师，这是手把手教啊。"

我在《城乡日常生活：一种社会学分析》一书"前言"中曾这样说过："北京大学社会学系的本科生到毕业的时候至少应该让他们具备三个方面的能力：第一是读书的能力。这是指阅读学术大家（包括社会学思想的大师）学术专著的能力，首先是按作者的意图理解原文的能力，其次是在此基础上得出自己对大师思想的领悟之能力，再次是将这样的领悟融会贯通，整合成自己的观点和见解的能力。第二是在考察社会现象时提炼与概括的能力，并通过这样的提炼概括获得对社会现象的洞察。第三是学术评价和鉴赏的能力，这是指能准确判断并品评一件学术作品的价值与缺陷。"①这也是我在以现象学社会学的积极认知立场进行本科教学时给自己定下的目标。我认为在社会学系攻读硕士学位和博士学位的研究生一样需要具备这样的能力，只不过从他们未来的就业来考虑，他们还需要具备组织协调能力以及操作办事能力。

大约在 2000 年之后，我逐渐形成了将教学、研究与学生培养结合起来的想法。2012 年，在系主任谢立中教授的大力支持下，我的自选集《感知与洞察：实践中的现象学社会学》由社会科学文献出版社出版。在该书的"前言"中我写了这样一段话："回顾自己执教北大社会学系 20 年的经历，在学术方面的探索大致落到三个方面：教学、研究与学生培养。其中教学又是与学生培养连在一起的。进入 21 世纪之后，我跟学生闲聊时说过我给自己退休之前定的目标是三个：（1）完成一个教学实验，这就是以培养与提升学生的学术能力为目标的教学实践（包括授课与社会调查）；（2）形成自己的研究风格，即将现象学与现象学社会学所倡导的积极认知与意义探索贯穿于自己的研究实践，以大众的'日常生活'与'生活世界'作为考察的对象，

---

① 杨善华主编，程为敏、刘小京、罗沛霖副主编：《城乡日常生活：一种社会学分析》，北京：社会科学文献出版社，2008 年，第 1—2 页。

同时又在考察社会现象时坚持历史社会学的广阔视野，力求获得对社会现象的'本真'一面的认识与把握；（3）带出一支研究队伍——通过大量的社会调查实践以及制度化的规范训练，培养出以自己的学生为主体的具有独立工作能力的研究团队。"[①]

2016年11月，我们团队召开了一次田野调查讨论会，当时社会学系2003级本科生、2007级硕士生松溪写了田野调查中作为参与者的学生在一天中的行动与感受。他的体会是，从走进田野构思调查开始，就在思考、追问、观察、记录、翻译中间不断地多线程切换任务，用"恐慌"和"焦虑"形容也不为过。

我们团队的田野调查有些固定的程序和做法，包括调查时每天晚上的讨论会（每个参与调查的同学都要发言）、回到学校之后的总结会、参与的同学要写田野日记作为作业，也包括教师在调查现场的主导性参与，以及调查组织中采取以老带新方式组成调查小组、对所调查的村庄进行追踪调查等。这些做法，都是为了调动学生的积极性，以

---

① 杨善华：《感知与洞察：实践中的现象学社会学》，北京：社会科学文献出版社，2012年，第1页。

保证学生在整个田野调查过程中全身心投入，从而达到培养和提升学生能力的目标。这些固定的程序和做法也可以被称为我们团队田野调查的制度。我们多年的实践也已经证明了其成效。当然，这样的田野调查制度从雏形演变为参与调查者共同遵守的行为规范，有一个相当长的过程，它是我们在实践中不断总结经验教训、长期探索的结果。我想就这个过程里通常容易被忽视的两个环节——讨论会和田野日记简单讲讲我的看法。

1. 讨论会

为什么白天的田野调查结束后，晚上一定要开讨论会？这必须从我们对访谈和观察的实质之理解说起。上文已经提到，我们的田野调查是将"现象学与现象学社会学所倡导的积极认知与意义探索贯穿于自己的研究实践，以大众的'日常生活'与'生活世界'作为考察的对象"。故在我与孙飞宇合作的《作为意义探究的深度访谈》一文中我们提出，倘若"从意义的角度来看待'深度访谈'的实质，我们可以得出这样的结论：它是**对被访人在访谈时赋予自己的话语的意义以及被访人赋予访谈场景（包括被访人当时的衣着、神情、行动和居家环境）的意义的探究**。一旦研究者明确了这一点，便可以以一种积极能动的态度和立场去实现这样的探究。而这种积极能动的态度和立场的标志就是在访谈当时和现场就开始这样的认知。在这个意义上，深度访谈既是搜集资料的过程，也是研究的过程"。①

也就是说，对于作为意义探究的田野调查来说，它必须兼容搜集资料和探索社会现象之"本真"这两个侧面，这就与以往只把实地的田野调查看作收集资料的过程这样的见解与做法有了实质性差别，也意味着**进入访谈现场就是研究的开始**。这样，消化和吸纳白天通过访谈和观察得到的兼有本真意义的被访人话语以及访谈场景就变得非常必要。从另一个角度来说，讨论会也是参与调查的同学得以在学术上迅速成长的平台。因为每个同学发言完，参与调查的老师马上就会点评，指出其发言的长处与不足，而对头一次参加这种调查的新手来说，他也可以从之前有过调查经历的同学的发言中体会这样的发言应该讲什么。这对善于吸取新鲜知识的北大学生来说不啻最好的学习机会，绝大多数新手在第二天晚上发言时就都会有明显的改进。

那么，讨论会上学生的发言应该讲什么？我在本书第三章收了 2005 年 7 月我们在绍兴调查时，一场由宋婧（社

① 杨善华、孙飞宇：《作为意义探究的深度访谈》，《社会学研究》2005 年第 5 期，见本书第 65 页。

会学系 1998 级本科生、2002 级硕士生）主讲的讨论会的记录（2003 级硕士生蒋勤整理）。她通过对被访人言谈举止的描述，刻画了被访人的性格，由被访人的经历入手探寻了她的内心世界。值得一提的是，因为她生动的发言，讨论会的气氛一下子活跃了起来。①

2007 年 10 月我们去河北平山西水碾村调查，发现因为刚过去的夏天这里的大雨，加上这条"村村通"公路修建时的质量问题，在与西水碾村交界的另一个村庄的路段出现了多处大坑，里面积满了雨水。晚上的讨论会，松溪的发言就是针对这些大坑为什么没有被填充以及为什么没有人关心这条路的维护这两个问题，分析了两个村庄各自的小心思以及最终导致的扯皮现象，还有在此背后的县乡两级政府和村庄的关系。这样小中见大的发言受到了参与调查的老师的一致好评。

从学风和方法这方面的考量来说，我们强调的是学生的发言必须要有事实作为依据，这种事实既可以是被访人的话语，也可以是我们访谈时观察到的场景。

讨论会的另一重要内容就是教师的点评。我在《矢志

---

① 蒋勤原汁原味的整理使我认识到讨论会的录音整理也是一笔宝贵的学术财富。

田野，传承薪火》这篇访谈录中曾经说，老师的基本责任是两条：第一条是激发学生兴趣，告诉他学社会学很有意思，这样他才会投入，而只有投入了才能有能力的提升；第二条是指点方向，告诉他哪条路走下去可能成功，而走哪条路一定是死路一条。[①] 而这样的看法的前提是，学生能力的获得必须依靠他们个人积极主动地投入，依靠他们在这样的实践中的思考和领悟。[②]

因此，我和其他参与田野调查的老师在讨论会上的点评和发言就是本着这样的想法去做的。我的点评的特点体现在以下几个方面。（1）直率。不管是哪个同学，如果他的发言有问题（比如有前后矛盾之处），我都会直截了当地指出。（2）启发式。如果学生在发言时提出一个自己提炼的有学术新意的概念，我会给予高度肯定。2005级硕士生姚泽麟在宜宾调查的讨论会上，根据自己观察到的几户相邻的村民守望相助的事实，提出了"道德整合"这一概念。我就认为非常好，以此鼓励大家多做这样的提炼。有的学

---

① 杨善华、田耕：《矢志田野，传承薪火——杨善华教授访谈录》，应星主编：《清华社会科学（第2卷第2辑）》，北京：商务印书馆，2021年。
② 杨善华主编，程为敏、刘小京、罗沛霖副主编：《城乡日常生活：一种社会学分析》，第2页。

生虽然在发言时陈述的是事实，但在事实背后会有他们自己的想法，我就会解读他们陈述的事实所隐含的社会学意义，揭示事实的学术价值。因为这可以作为下一步研究的方向。

当然，不管是什么样的点评，我的目的都在于让学生知道什么是一个"好"的发言，什么是一个"好"的提炼，让学生通过这种方式建立起学术评价的标准，从而提升自己的学术评价能力。

与讨论会相关的另一件事就是回校后的总结会。我对总结会的要求是不要重复田野调查时对被访人话语和现场的描述，而是重在发现新的研究问题或产出新的理论概括与概念提炼，所以对学生的要求是更高了，这也让学生在总结会前必须有更充分的准备。2018年4月我们在江苏昆山调查，回校开总结会的时候，2016级硕士生刘畅从城市规划角度，对当地某村"小村并大村"的项目及村庄发展做了一个较为全面同时视角又很新颖的发言，对参与调查的同学都很有启发。

2. 田野日记

对于田野日记的重要性，其实我们一样有个认识过程。我们最早的田野点是河北平山西水碾村，1996年2月，我们开始在那里的调查。我查看了保留至今的当年的文档，发现最初的田野日记就相当于工作日记，写作于 1997 年 8 月的那次调查。后来 1998 年吴愈晓去宜宾调查的时候也写过日记，比起平山的日记来就较为具体，因为除了简述访谈内容之外，还留下了对被访人的观感。所以，比较正规的、对参与调查的学生都有要求的调查日记撰写应该是在 2000 年之后了。因为这时我看到了让学生写田野日记的好处。后来也常有学生问我田野日记该怎么写，我的回答是，虽然田野日记写的只是你调查时的所见所闻所感，但把什么样的所见所闻所感写进日记则会考较写日记者的学术水平。这里首先就是你对自己在田野调查点所遇到的种种现象的认识与把握，而这种认识与把握的前提是理解，而且这还必须是建立在换位思考基础上的"投入的理解"与"同感的解释"（这种理解的背后显然就是提炼概括能力和对社会现象的洞察力）。① 因为我们的田野调查点大都在农村，但参与调查的同学可能大都是城里人（即使是农村人，也会有不同地域带来的观念和文化差异），所以要实现这样的理解并不容易。根据我多年阅读学生田野日记的体会，

① 杨善华、罗沛霖、刘小京、程为敏：《农村村干部直选研究引发的若干理论问题》，《社会学研究》2003 年第 6 期。

刚入我们团队的新手在第一次写日记的时候，绝大多数是缺乏自信的（因为他们不知道自己的描写以及所做的判断是否准确），因此多半会写成流水账一般的工作日记，介绍自己旅途一路的所见所闻及到了目的地之后的生活与工作安排。但是待到他们成了"老手"，就会单刀直入，笔触直奔访谈场景及被访人。

为了让新手尽快变成老手，我们想了不少办法，大体有以下几种：

一是多实践，多参加调查。通过调查了解各地的风俗和人情世故，形成比较，以加深自己对社会现象的了解。

二是讨论会。因为讨论会上有一起参加调查的同学（甚至是访问过同一个被访人的同学）的发言，学生可以将此跟自己想要说的内容相比较，找出自己的不足。另外还有老师的点评，可以帮助学生更为深入地了解田野调查点的历史及这些被访人叙述背后的社会学意涵。我们通过这两种方式提高学生的学术评价与鉴赏能力。

三是在调查中采取新老搭配的方式，让新手通过一起调查了解资历较深的同学的访谈与观察技术，而且有问题也可以随时向有经验的同学请教。在本书第四章的《田野场中的"蒙氏教育"》一文中，2002级本科生、2006级硕士研究生梁晨就写到了自己在这方面的受益。

四是老师对日记的批阅和反馈。我们团队的要求是新手必须写日记（作为作业），而且写了日记我一定会看，看了之后若发现问题我一定会找日记的作者谈。2004级博士研究生陈文玲在刚刚加入我们团队的时候，因为缺乏经验，写的日记缺乏分析和自己的见解，但是她虚心向其他同学学习，努力追赶。到2006年1月我们在西水磰村做完田野调查之后她再上交的日记，我发现其中已经有了她自己的见解和判断，提炼概括能力和洞察力都有明显的提高，我看了非常高兴，专门找她谈了一次话，肯定了她的进步。2016年后，社会学系建立了本科生导师制，我也被遴选为导师，只是带的学生少了，所以对于这些学生参与田野调查后写的日记，我可以做得更好一点，就是加了批注和评语再反馈给学生。这样学生就可以更具体地了解自己的长处与不足，能更快地提升自己的学术评价与鉴赏能力。

五是阅读有关调查点的日记和相关材料。因为我们团队对所有的农村田野调查点都采取追踪调查的方式，所以早先参加调查的同学写的日记对后来者来说就变成了宝贵的历史资料。每次带新人去调查点前，我都会把参加之前调查的同学的日记找出来，发给大家，增加大家对这个村庄的了解，使之及早掌握情况。另外有的学生也会自己去网上寻找这个地方的相关新闻或图片，发给大家参考。我们在绍兴一个村庄的调查，大家看到了相关的镇志，就互相推荐阅读。我在《田野调查中被访人叙述的意义诠释之前提》一文中也指出："对于被追踪调查的村落和城市社区，新进入者还可以阅读之前的研究者撰写的田野日记以及已经整理出来的访谈资料。""好的田野日记虽然也是记调查者的所见所闻所感，但因为作者选择材料之时有社会学的眼光和视角，能将有社会学价值和意义的访谈内容和自己对村庄的观察写进日记，进一步地，还可以包容他自己对村庄情况考察的感悟，这样新进入者通过阅读会有如临其境的感觉，这对他们迅速融进被访人所在的社区的'地方性文化'会非常有用。"[1]

总之，这样的做法就是要让参加调查的同学迅速沉浸到田野调查的情境之中去，理解被我们访问的当地村民的言谈举止的特色和缘由、他们情绪的喜怒哀乐，并加以社会学的透视，从中寻找有价值的、可以研究的问题，做出自己的提炼和概括。我这么多年的体会是，经过这样的过

---

[1] 杨善华：《田野调查中被访人叙述的意义诠释之前提》，《社会科学》（沪）2010年第1期，见本书第93页。

程写出来的访谈日记在一定程度上已经会有研究论文的雏形，这就为学生们之后完成自己的学位论文打下了一个相对坚实的基础。我们团队中学生的学位论文大都是用这些田野调查点的调查资料完成的，单就平山西水碾村而言，据不完全统计，就出了四篇博士学位论文、六篇硕士学位论文、两篇本科毕业论文。

"长江后浪推前浪。"学生通过田野调查获得的成长反过来也会对老师构成挑战。参与我们调查的 2018 级、2019 级与 2020 级本科生写的田野日记，图文并茂（有照片），分析透彻，令我直呼后生可畏。而在我们晚上的讨论会上，学生也经常会有令人大出意外的精辟之语。但是对于学生这样的"倒逼"，我的内心却是充满了欣喜。

我在本书中收录了自己有关田野调查的现象学社会学的许多思考，也有几个具体研究的实例，讲述如何构思田野研究的角度、如何开展访谈、如何关注细节、如何获取意义等方面的内容。希望读者能通过这些文章去体会和感悟"如何做田野"。那些给我们带来启发的田野日记和研究回顾，我也附于其后，大家或许可以通过这些鲜活的记录跟随我们一起回到田野现场，感受真实的中国社会的脉搏。

第一章
范式与方法

社会学的田野调查：定义、经验与误区

杨善华

一、关于社会学"田野调查"的概念

田野调查（fieldwork），是社会学者在做定性研究时普遍采用的一种调查研究方法。但是社会学的田野调查却跟人类学的民族志有着相当深的渊源。对于"民族志"概念的阐释不一。通常认为，民族志从文献记录看是一个写作文本。[①]但是待马林诺夫斯基（Bronisław Malinowski）在1914年从澳大利亚出发，花了两年半的时间到新几内亚去调查，出版了《西太平洋的航海者》等系列著作，并为"科学人类学的民族志"确立了"必须做到搜集材料的主体

[①] 高丙中：《民族志发展的三个时代——〈写文化〉译序》，《广西民族学院学报（哲学社会科学版）》2006年第3期，转引自郭泽德、白洪谭主编：《质化研究理论与方法——中国质化研究论文精选集》，武汉：武汉大学出版社，2015年，第197页。

和理论研究的主体的合一"这样的准则之后，^①民族志也意味着一种田野调查方法。

由此，大卫·费特曼（David M. Fetterman）在《民族志：步步深入》一书中认为，"民族志是一种描述群体或文化的艺术与科学"，民族志学者"带着开放思维而非脑袋空空进入田野"。费特曼还指出，与其他研究领域的学者一样，民族志学者"一开始也会对人们如何行为和思考存在倾向或先入为主的观念"。为了减轻倾向的负面影响，民族志学者"首先必须明确自己的倾向"，而"一系列额外的品性控制，如多方检验（triangulation）、情境化（contextualization）以及价值无涉的取向，给倾向的负面影响加了一道控制阀"。^②马里兰大学教授厄弗·钱姆伯斯（Erve Chambers）进一步指出，民族志的目标是"描述与解释人类事务中的文化地位"，因此，"民族志主要应以其研究对象来界定，即民族与文化，而非以其方法论来界定"。^③

① 郭泽德、白洪谭主编：《质化研究理论与方法——中国质化研究论文精选集》，第201页。
② 大卫·费特曼：《民族志：步步深入》，龚建华译，重庆：重庆大学出版社，2007年，第1页。
③ 厄弗·钱姆伯斯：《应用民族志》，诺曼·K.邓津、伊冯娜·S.林肯主编：《定性研究（第3卷）：经验资料收集与分析的方法》，风笑天等译，重庆：重庆大学出版社，2007年，第913—914页。

故由以上对民族志的阐释我们可以看到，民族志的聚焦点或者说研究对象是文化。

之所以要对人类学的民族志做一番介绍，是因为虽然现在我们将社会学的实地调查也称为田野调查，但是实际上这个"田野调查"是一个很含糊的概念。然而我们通常又将田野调查看作一个约定俗成的名词，只要提了它别人就都能理解。按陈向明教授在《质的研究方法与社会科学研究》一书中的说法，[①]"中国史学、社会学、人类学、考古学、民族学、民俗学等领域常用的'文化人类学的方法'"与她在书中所探讨的"质的研究方法""十分类似"，或者说"质的研究方法就是在'文化人类学的方法'[②]以及其他相关领域的基础上发展起来的"。[③]她在该书第二章"质的研究的历史发展"中讨论了质的研究的分期，她借用别人的评价，认为现代主义期（1950—1970）是质的研究的"黄金时代"。[④]这一时期质的研究受到现象学和诠释学的影响。

---

① 陈向明自己不同意"定性研究"这一提法。她认为，质的研究和定性研究是有区别的，不能混为一谈（陈向明：《质的研究方法与社会科学研究》，北京：教育科学出版社，2000年，第23页）。但是笔者认为可以将定性研究分为广义的和狭义的两类，而狭义的定性研究则基本上可等同于陈向明的质的研究。

② 按笔者的理解，这种"文化人类学的方法"可以等同于民族志。

③ 陈向明：《质的研究方法与社会科学研究》，第23页，注释2。

④ 陈向明：《质的研究方法与社会科学研究》，第33页。

在这样的理论基础上，陈向明给予"质的研究方法"的定义强调了它的整体性、情境性和关联性。

从田野调查实践这个维度看，笔者基本同意陈向明对质的研究方法所下的定义。但是，笔者认为，陈向明没有突出田野调查中最核心的一个概念，那就是"意义"。诺曼·K.邓津（Norman K. Denzin）与伊冯娜·S.林肯（Yvonna S. Lincoln）在《定性研究：方法论基础》的导论部分对定性研究下了这样的定义："定性研究……试图根据人们对现象所赋予的意义来理解和解释现象。"①

由邓津等人对定性研究的定义可见，人们赋予现象的**意义**是这样的理解和解释的核心。这就使我们很自然地将这样的定性研究置于马克斯·韦伯（Max Weber）的"理解社会学"的范围之内，因为正是他认为，社会行动被行动者赋予了主观意义。②因此，韦伯在《经济与社会》的"社会学基本术语"一章中对"社会学"下了这样的定义：

---

① 诺曼·K.邓津、伊冯娜·S.林肯主编：《定性研究（第1卷）：方法论基础》，风笑天等译，重庆：重庆大学出版社，2007年，第4页。

② 马克斯·韦伯强调了这样的意义的唯一性：这里所讲的意义并不是指"客观上正确的"或从形而上学意义上讲是"真实的"那种意思，而是指行动者主观认为的即社会学上的意义。参见贾春增主编：《外国社会学史》，北京：中国人民大学出版社，2000年，第106页。

"社会学是一门解释性地理解社会行动并对其进程和结果进行因果说明的科学",① 从而将对社会行动给出"解释性理解"作为社会学研究的任务和重要方法，这就为定性研究所说到的对现象意义的理解和解释提供了理论依据。阿尔弗雷德·舒茨（Alfred Schutz）则在对韦伯提出的理解"社会行动"的意义这一见解的批判中，进一步发展了如何理解和解释人们赋予现象的"意义"这一问题，他将"理解"界定为"意义的关联"（correlative to meaning），这是因为他认为所有的理解都是对意义的理解，同时所有的理解都是意义。② 因此，如果田野调查是对人的社会行动意义的探寻，对这种意义的理解和解释就将贯穿田野调查的始终。

那么，社会学的田野调查和人类学的田野调查（民族志的社会实践部分）有无区别？笔者认为，至少可以说在以下两个方面存在着区别。（1）从关注点来说，民族志关注的是文化，即使是对社会的关注或者说欲对社会现象给出解释，也是经由文化这一进路。而社会学关注的是社会

---

① 马克斯·韦伯：《经济与社会》（第一卷），阎克文译，上海：上海人民出版社，2010年，第92页。
② 孙飞宇：《论舒茨的"主体间性"理论》（上），《社会理论学报》2004年第2期。

整体（它考察社会现象时有一个整体性的视野），在社会整体之下它也有一些现在已经变成传统的研究领域，比如社会结构（阶级和分层、社会组织）、社会流动、社会冲突、社会问题乃至经济与政治等分支社会学，社会文化当然也是它的一个关注点（甚至可以说是一个重要关注点），但也仅此而已。因此，社会学的田野调查（尤其是在农村的调查）在某种意义上其实就是当年以费孝通教授为代表的社会学者在云南农村所做的社区研究。（2）社会学虽然也强调将观察作为收集研究所需的信息资料的方法，但是它很少会采用民族志的参与性观察，因为参与性观察的成本相对要高很多。所以笔者在与孙飞宇合作的《作为意义探究的深度访谈》一文中强调的是在访谈现场（或者说田野调查现场）的全方位的观察，至于参与性观察的作用——通过建立我群关系和信任关系来获取真实信息，社会学的田野调查则可以通过对某地的追踪调查来实现。

由以上分析，笔者可以对社会学田野调查给出一个初步和简略的定义：社会学的田野调查是以作为主体的研究者在田野现场自始至终的意义探究为特征的情景性活动，它由一系列解释性的、使世界可感知的身体实践活动构成，并因此包含着一种对社会的解释性的、自然主义的方式，这意味着研究者是通过与研究对象互动来获得对其行为和意义建构的解释性理解，并试图根据人们赋予社会现象的意义来理解和解释社会现象。

二、经验

这里所说的经验，主要是笔者和笔者所在的研究团队从事社会学田野调查实践 20 余年所感悟到的若干体会。

首先，这样的田野调查必须具备一种"积极认知"的态度。从前面的分析可知，社会学田野调查的方法论基础是包容了现象学、诠释学立场的现象学社会学。而现象学要重点讨论的就是认知问题，因为认知在哲学中就属于认识论讨论的范围。在哲学的发展中，其实一直没有解决的是如何"从个别过渡到普遍，从现象过渡到本质"的问题。① 也就是说，没有解决"科学认识如何可能"这样的问题。胡塞尔（Edmund Husserl）在阐释现象学的时候讲到"本质直观"，按张祥龙教授的说法，这种本质直观的本义就是"在个别中直接看到普遍，在现象中直接把捉到本

① 张祥龙：《朝向事情本身——现象学导论七讲》，北京：团结出版社，2003年，第7、34页。

质"，以此来"解决自古以来困扰和激动着西方哲学主流的核心问题"。而他讲的本质与"柏拉图主义的抽象的、概念化的本质"是"不一样的"，"这个'本质'已经与'现象'从实质上沟通起来了"。① 陈向明教授在谈现代主义期受现象学的影响时，也提到"现象学认为本质就是现象"，但是她没有指出何为本质。笔者认为，要讨论现象中的本质，"意义"问题是绝对不能忽略的。张祥龙指出："意义是传统西方哲学的一个盲点。""这就是胡塞尔在《小观念》一开始讲到的为什么传统西方哲学包括科学，都解决不了认识论问题的原因。"所谓认识论的问题，最终也应该是"意义如何可能"的问题。② 笔者认为，这个本质，最核心的应该就是与"纯粹现象"③ 在一起的、决定了现象性质的现象之意义。

由此出发，所谓的"积极认知"态度就是，当你来到田野现场之后，你感受到现场的种种现象（包括你的研究对象和研究环境）之后，你不能说我只观察到了现象，而

① 张祥龙：《朝向事情本身——现象学导论七讲》，第 16 页。
② 张祥龙：《朝向事情本身——现象学导论七讲》，第 103 页。
③ "纯粹现象"就是在实现现象学的还原之后，"让这现象本身由它自己的构成来向你呈现，来维持住它自己"（张祥龙：《朝向事情本身——现象学导论七讲》，第 72 页）。

没有感知或"直观"（借用胡塞尔的概念）到与现象在一起的"现象的意义"。举一个例子，假如我的某个学生去做访谈，他回来跟我说："杨老师，这个被访人没有讲出什么。"要是在没有知晓现象学和现象学社会学并将其作为我们田野调查的方法论思想之前，笔者会接受学生的说法，但是在接受了之后，笔者就一定会跟学生说："按韦伯的说法，被访人是不是社会行动者？如果是，那么被访人与你的谈话以及你看到的访谈环境是不是被我们的被访人赋予了意义？如果这些都存在，那么你说'没有讲出什么'是不是就是你的认识态度和认识方法有问题？"所以，"积极认知"的态度在田野调查中有时候可以起到追逼研究者刨根问底、不把事情弄清楚（找到现象背后的意义）不罢休的作用。

其次，把田野调查看作意义探究的过程，就意味着田野调查不再只是一个收集资料的过程，同时还是从进入田野现场就开始感知和分析自己所感受到的种种社会现象的过程。如果把狭义的社会学田野调查视为深度访谈加上全方位的观察，那么我们也可以说，进入田野现场就意味着研究的开始。笔者认为，这样一种见解最重要的意义就是将调查和研究真正结合在一起，从而避免了一个研究者从田野现场回来后面对卷帙浩繁的访谈资料产生一种无从着手的感觉。因此，从田野调查的执行层面而言，贯彻上述"将进入田野现场就看成研究开始"的见解无疑是一场革命。

再次，是意义的辨析和区分。上文提到的感知，肯定会有一个结果，即获得"相关材料"的意义。不过，如此获得的意义必然暂时还是由许许多多维度的意义混合而成的，而对我们社会学研究者来说，更重要的是对此加以蒸馏提纯，从中分离出具有社会学价值的部分。

举一个例子，比如在田野现场的深度访谈中，通常我们要问被访人的生活史，但事实上每个被访人在讲述自己的生活经历时，是会有一个明确的自我定位的。这个自我定位就是他认定的自己在社会上所处的地位。这关涉到社会分层，社会学的意义也就由此凸显。2002年笔者在北京后海做田野调查，访问过一个姓姜的老太太。她坐姿自然挺拔，显出训练有素，形象干练，令知道一点老北京故事的笔者马上浮现出一个想法：这个老太太"在旗"（满族对自己身份的说法）。在我把问题往这上面引的时候，老太太就说了，自己是"镶黄旗"的。"镶黄旗"在"满八旗"当中属于"上三旗"，相对"下五旗"要尊贵。这个时候的访谈内容，自然也就具有社会学的意义。

最后，是关注对现实社会生活与制度安排中"盲点"与悖论的洞察。[①] 舒茨认为，处于生活世界[②]中的人，其基本特点就是自然态度（人们对生活所持的最初的、朴素的、未经批判反思的态度）。[③] 它使人们认为生活世界是不言自明的现实，这些抱有自然态度的普通人都会想当然地接受它。如此想当然地接受这种现实，既是社会文化得以传承的原因（比如社会风俗），又是一些误解得以长期存在从而变成盲点的缘由。比如"留守家庭"和"空心村"的问题，这本是大批农民工外出打工后人们的观察，但是因为观察的时点性，观察者没有看到这些外出打工者依然保持着和流出地——自己生活的村庄的密切联系。这些联系不仅是往家里寄钱的问题，还有年终返乡时参与村庄的种种活动，以及他们将村庄作为自己社会竞争的主体舞台的意识及由此而来的行动。我们 2017 年和 2019 年春节后在四川宜宾

---

① 对盲点的一个最通俗的解释就是熟视无睹，即对某种现象可能天天看见，却没有想过这个现象可能是不合理的，甚或是悖谬的。

② 舒茨的学生那坦森（Maurice Natanson）曾简明地将生活世界概括为"包括人所牵连的种种日常事务的总和"（那坦森：《现象学宗师——胡塞尔》，高俊一译，台北：允晨文化实业股份有限公司，1982 年，第 159 页）。

③ 舒茨认为，这些被普通人想当然接受的自然态度包括七方面的内容（李猛：《舒茨和他的现象学社会学》，杨善华主编：《当代西方社会学理论》，北京：北京大学出版社，1999 年，第 18 页）。

农村的调查发现了这一点，看到打工仅是家庭谋生的一种策略，归根到底，这些村民还是要回到流出地，即自己的家中。这尤以40岁左右的中年人为最。因此，在这些地方，所谓的"空心村"就是一个属于盲点的概念。

三、误区

在田野调查的实际执行过程中，我们也看到、听到一些案例，它们让我们觉得在社会学田野调查的方法论层面，还存在一些误区。

误区之一，就是研究者在田野调查现场的视角与立场问题——不能站在被调查者立场上来做出"投入的理解"和"同感的解释"。例如，就农村问题而言，就存在对"农村实际"的两种不同的视角，即学者或官员眼中的"农村实际"和实际生活于其中并对此有切身感受的农民眼中的"农村实际"。"显然，真正要了解农村中发生的事情，我们就必须知道农民眼中的'农村实际'，而不是用学者或官员眼中的'农村实际'来代替农民眼中的'农村实际'。"[1]因

---

① 杨善华、罗沛霖、刘小京、程为敏：《农村村干部直选研究引发的若干理论问题》，《社会学研究》2003年第6期。

为只有这样，我们才能了解作为政策受众的农民的实际感受，从而对政策实施的效果给予评估，也才能对解决农民所面对的种种现实问题给予真切有效的帮助。

误区之二，是价值先行或概念先行。这是笔者的说法，意指研究者在进入田野现场之前，已经预设了自己的判断和想要证明的东西，进入现场之后，只是寻找符合自己价值和想法的材料，而对所有不利于证实自己判断和概念的材料一概进行"选择性过滤"然后加以抛弃。这就像前边费特曼说民族志学者及别的学者那样，他们"一开始也会对人们如何行为和思考存在倾向或先入为主的观念"。刘成斌将这种现象称为"盆景主义"，即"拿着自己读书时获得的理论框架像用剪刀裁剪盆景一样去裁剪经验材料"。① 这就在调查方法论上违背了胡塞尔提出的"悬置"原则。按胡塞尔的看法，只有首先中止自然态度下的判断，我们才能直观到由此实现现象学的还原之后的"纯粹现象"，才能获得对这样的纯粹现象意义的认知和洞察，才能避免价值先行和概念先行带来的理论概括的偏颇。因此，"悬置"是获得对"真实"的认识的前提。而违背"悬置"原则的后

---

① 刘成斌：《盆景主义及其超越——论田野调研中理论与经验的关系问题》，《华中科技大学学报（社会科学版）》2014 年第 3 期。

果是，由于进入田野调查现场后考察视角存在某种片面性，所以产生的判断与得到的结论都可能因为这种片面而被别的研究者以他们实地调查获得的与此相悖的个案驳倒，这也是我们在进入田野现场时必须抛掉成见和理论假设，只是全身心地感受被调查者的原因。

误区之三，是在遭遇"罗生门"，即主体经历和阐释的异质性时，对访谈材料的真实性产生根本性的怀疑。在访谈中我们确实会遇到"对同一事件每个人都会有不同的感受和阐释"这样的事情。[1] 我们在河北省农村调查时，曾经在访谈中听与一起青年妇女自杀事件有关联的人员谈及这件事，结果每个人说话时的立场及谈话口吻、对事件情节的描述和原因分析都有所不同。凡是女方娘家的亲戚，都认为该女子自杀是其婆家的责任，过错在婆家；凡是其婆家这边的人，虽然也对该女子自杀表示惋惜，但认为其轻生亦有自己的过错，婆家虽有责任，但不能说是婆家害死了这个女子；而既不属于娘家也不属于婆家的，口气则相对超脱，立场恰似在中间，但其对事实的陈述则因其隔得

---

[1] 王晴锋：《反思社会研究中作为方法的深度访谈》，《云南社会科学》2014年第1期，转引自郭泽德、白洪谭主编：《质化研究理论与方法——中国质化研究论文精选集》。

太远而不甚清楚。

这件事情给我们的启发之一是，对于这样的社区中发生的公共事件，被访人的立场一定会因其与此事件的利害关系而产生倾向性。他们会本能地宣讲事件中对自己有利的这部分事实并发表自己看法，导致事实真相被歪曲。

启发之二是，由此可以设想，凡访谈得到的资料，因其是经由被访人陈述得以呈现，故一定经过被访人主观的加工，因而是意义建构的产物。即使我们从里边获得了真实，那也只是一种"意义的真实"（当然，这种"意义的真实"也是真实）。这就跟以前我们的理解——"真"就是"事实"——有着重大的不同。

由以上分析可知，被访人所叙述的内容和了解的事实是经过他们主观上的意义建构的，因此，其中一定会有想象的成分，而叙述中的虚构和歪曲也是不可避免的。同时，正因为存在着这样的意义建构，所以也会有被访人的价值观和他所处的社会情境制约、影响其叙述内容和叙述方式的问题。也就是说，对于被访人对事实的叙述，我们研究者往往需要一方面通过把握其内部意义脉络来辨别事实，另一方面通过寻求旁证以检验真伪，从而尽可能接近事实真相。

感知与洞察：田野研究的现象学社会学进路

杨善华

本文的主题是探讨现象学社会学在作为意义探究的定性研究实践中的作用。对于我们在研究现场所获得的对文本和场景之意义的理解和解释，它同时给予了理论和方法层面的指导性帮助。

一、若干理论前提

诺曼·K.邓津和伊冯娜·S.林肯曾对定性研究给出这样一个定义："定性研究是一种将观察者置于现实世界之中的情景性活动。它由一系列解释性的、使世界可感知的身体实践活动所构成。这些实践活动转换着世界。它们将世界转变成一系列的陈述，包括实地笔记、访问、谈话、照片、记录和自我的备忘录。在这种程度上，定性研究包含着一种对世界的解释性的、自然主义的方式。这意味着定性研究者是在事物的自然背景中来研究它们，并试图根据人们对现象所赋予的意义来理解和解释现象。"①

由此定义可知，大凡定性研究，其实都无法离开对现象（被赋予）的意义的理解和解释。如果从现象学社会学的传统来看定性研究，就回到了马克斯·韦伯在讨论社会行动时提出的观点：社会行动是被行动者赋予了意义的，而这样的意义是可以被我们理解的；理解行动者赋予行动的意义是社会学的任务，而且这样的理解必然与解释联系在一起。②这样，我们（研究者）和他人置身于其中的、被阿尔弗雷德·舒茨称为"至尊现实"的日常生活（世界），其所具有的种种意义也可以被认为是由过去和现在的行动者在主体间际的背景之下所赋予的。

进一步地，如果按照叶秀山对海德格尔（Martin Heidegger）

---

① 诺曼·K.邓津、伊冯娜·S.林肯主编：《定性研究（第1卷）：方法论基础》，风笑天等译，重庆：重庆大学出版社，2007年，第4页。

② 虽然后来舒茨对韦伯的说法有很多批评（Alfred Schutz, *The Phenomenology of the Social World*, London: Heinemann Educational, 1972），比如认为韦伯没有注意到文化客体制造者的意义与被制造客体的意义，意义在自我、他人那里的构成、修改，自我与他人的关系以及与之相关的自我理解与理解他人的重要性等，但是从我们的经验研究的实践看，韦伯对社会行动所蕴含的意义做出的判断仍然可以成为我们讨论现象学社会学传统的定性研究的实质的出发点。

对胡塞尔思想之继承的一个解释，海德格尔坚持了"现象学的'意义'不是普通逻辑概念抽象的'内涵'，而是直觉性的事物本质的显现"这一现象学基本原则，并把它与"存在论"结合起来。①"'存在''有'就是'让'（lassen）事物'呈现'出来，自己让自己呈现出来。于是胡塞尔现象学的最精髓的概念'显现'被保存了下来。"②

这一论断可以给我们这样的启发：作为直觉性的事物本质的、自我呈现之意义的显现是一种"存在"，是"有"，问题只是我们有没有感知它或者发现它。因此，只要我们去感知或者去发现，我们就能获得对这样的意义的认知。具体到定性研究来说，这也就意味着我们在研究现场听到的被访人的讲述、观察到的被访人的生活环境以及我们和被访人的互动所处的访谈场景都是被被访人赋予意义的。或者由此也能说，这样的意义是肯定存在的。如果我们没有获得这样的意义，那只是因为我们没有去感知或没有去发现。所以，按照这样的理路，现象学社会学在将研究从

---

① 叶秀山：《思·史·诗——现象学和存在哲学研究》，北京：人民出版社，1988年，第138—139页，转引自张祥龙、杜小真、黄应全：《现象学思潮在中国》，北京：首都师范大学出版社，2002年，第92页。

② 叶秀山：《思·史·诗——现象学和存在哲学研究》，第140页，转引自张祥龙、杜小真、黄应全：《现象学思潮在中国》，第92页。

一开始就带入经验调查现场的同时，也倡导了一种积极的认知态度，也就是说它强调一种**主动投入**到田野研究的场景中去感受和认知的精神。

二、感知：悬置、意义的辨析与区分、意义的逻辑

1. 被访人的日常生活：感知的对象和研究的重心

阿格妮丝·赫勒（Agnes Heller）曾将日常生活定义为"那些同时使社会再生产成为可能的个体再生产要素的集合"，并且强调"日常生活存在于每一社会之中"，"每个人无论在社会劳动分工中所占据的地位如何，都有自己的日常生活"。[①] 这是因为日常生活首先就是个体为保证自己生存而进行的种种活动（对个体来说，从事这样的活动必然会有时间的耗费和空间的转换），在这样的活动中，社会制度对个体的规范、限制与约束以及观念层面的社会文化的影响也得以展现。并且，它因为与每个个体正在经历或将要经历的以生老病死为表现形态的生命过程相联系，而呈现出一种"常态"，即具有重复性和稳定性。但是，在社会

---

① 阿格妮丝·赫勒：《日常生活》，衣俊卿译，重庆：重庆出版社，1990年，第3页。

出现纵向的分化，形成不同的阶级和阶层之后，这些在社会分层中占据不同位置的社会集团会为自己面对的"常态"赋予不同的意涵，他们的生老病死因此也获得了各自的意义。所以，日常生活是被打上了社会的烙印的，它被赋予的意涵也就具有鲜明和浓重的社会性。

因为每个个体的日常生活都有时间的耗费和空间的转换，所以从经验层面上看，我们可以将人们的日常生活时间分成日常生活时间和"事件"时间两个部分。日常生活时间通常是指个体为了生存和满足自己生理需要，如做饭、吃饭、生产（工作）、交往、休息等所耗费的时间，它的特点是重复性与稳定性；"事件"时间是指当生活中出现各类对个体及其从属的群体（比如家庭）生存产生重大影响的问题时，个体及其所属群体在处理和解决这些问题的过程中所耗费的时间，它具有突发性和不确定性，在总量上则可长可短。但日常生活时间和"事件"时间又是相互联系的，个体之所以在事件发生时能被动员起来，是因为当时他们已经具有了对自己从属的群体的认同，看到了自己的利益所在和在事件中应该扮演的角色。这样一种意识和对自己与他人关系的了解显然是在日常生活中产生出来的。日常生活之所以能成为我们考察个体活动（行动）的主要领域，是因为这些活动是被作为行动者的个体赋予了一种意义的（比如虽然同为吃饭，但是外面的饭局和全家人一起吃的家常饭就会具有不同的意义），而且一个社会在没有发生战乱与灾害这样波及全社会的重大事件的时候，它所呈现的常态就是这样一种日常生活。

在这个意义上，日常生活就成了现象学社会学家阿尔弗雷德·舒茨的"生活世界"最重要的组成部分。用舒茨的话来说，它是生活世界的中心，是"至尊现实"。[1]他认为，社会行动只能具有一种主观意义，即行动者本人的主观意义（但意义的产生除了主体外，还需要主体在其中生存并与之互动的整个社会文化环境）。[2]而生活世界则是人们在其中度过其日常生活所直接经验的主体间际（每一个人都是一个主体，和他人共同构成生活世界）的文化世界。其特征是预先给定性，即它存在于社会个体对它进行任何理论反思和理论研究之前。舒茨对研究对象所做的"现象学分析"是指将研究对象视为"现象"并还原成最初赋予意义的经验，只不过他所针对的不是认识主体的主观意识，

---

① 李猛：《舒茨和他的现象学社会学》，杨善华主编：《当代西方社会学理论》，第20页。

② 霍桂桓：《舒茨》，苏国勋编：《当代西方著名哲学家评传·第十卷：社会哲学》，济南：山东人民出版社，1996年，第337页。

而是处于生活世界之中、具有自然态度的社会行动者的主观意识，力求从生活世界及其内部出发阐明其意义结构。①

由上所述可知，作为某一特定社会群体一员的被访人的日常生活之所以会成为我们感受的对象和研究的重心，是因为日常生活是他生存的主要表征，并且这样的表征充满了社会学的意义。而上文中舒茨对"现象学分析"的阐述也为我们的研究提供了一个方法论的基础，即我们要认识、把握并在理解基础上给出解释的是"处于生活世界之中、具有自然态度的**社会行动者的主观意识**"，而不是我们研究者的主观意识，所以一定不要用我们的主观意识来代替社会行动者的主观意识。

2. 悬置

从认识和把握**社会行动者的主观意识**这一点出发，胡塞尔所强调的"悬置"就构成了感知的前提和必经的步骤。所谓悬置，在胡塞尔那里，简单地说，就是中止自然态度②

---

① 霍桂桓：《舒茨》，苏国勋编：《当代西方著名哲学家评传·第十卷：社会哲学》，第 336、338—339 页。

② 这种自然态度是每个人在其自身的日常生活中所具备的态度。其中，首先是将这个世界，包括自己的世界，视为理所当然的存在；其次是如上所说，将自己与他人的沟通视为理所当然。而按舒茨的说法，这也就是人们对生活所持的最初的、朴素的、未经批判反思的态度。

下的判断，"我们使属于自然态度本质的总设定失去作用"，并由此，"我排除了一切与自然世界相关的科学"，尽管它们依然有效，但是在思考问题的时候不再使用与之相关的任何命题、概念，包括真理。只有经过悬置，才有可能去讨论作为"世界消除之剩余的绝对意识"。[①] 我们可以运用同样的方法，来对研究者自身的日常生活知识体系，以及社会科学的体系、知识乃至判断进行悬置，也就是暂时中止研究者原有的自然态度以及科学态度的判断。悬置的对象是我们自己（研究者）原来持有的"成见"，即我们（研究者）以前所有的理论预设，它首先包括我们（研究者）对于某些东西的习惯性信仰，还包括割裂个别与一般的传统理论框架。当我们进入田野调查现场开始工作的时候，我们应该在抛掉前述"成见"的前提下全神贯注地去感受被访人的各个侧面（包括外貌、衣着、神情、语言，也包括访谈进行中的环境。如前所述，所有这些都是被访谈对象赋予了一定意义的），[②] 打一个通俗的比方，就好像是用一

① 胡塞尔：《纯粹现象学通论》，李幼蒸译，北京：商务印书馆，1992年，第97—98、133页。
② 对于研究者与被访人的互动过程中意义的理解的问题，孙飞宇在《论舒茨的"主体间性"理论》（上）（《社会理论学报》2004年第2期）中亦有深入的分析。

张尽量素白的纸去"印"田野调查时的场景和被访人的各个侧面，从而获得对访谈对象赋予访谈与访谈场景的意义的感知和认识。当然，这样的感知和认识是要经由沟通性的理解才能得以实现的。①

3. 意义的辨析与区分

悬置是为了获得在排除了研究者自己先入为主的各种成见和观念之后，对访谈对象赋予访谈与访谈场景的意义的感知②和认识。应该说，它与研究者感受被访人、访谈内容和访谈现场这样的"材料"是基本同步的。所以，悬置是感知的前提条件。

但是这样的感知肯定会有一个结果，即获得"相关材料"的意义。可以肯定的是，在这样的田野调查与访谈中，我们看到和听到的一切都是有意义的，但是**未必都有社会学的意义**。然而从我们研究的学科特征来说，我们应该获得的是材料的社会学意义。所以，意义的辨析与区分就是

---

① 杨善华、孙飞宇：《作为意义探究的深度访谈》，见本书第74—75页，引用时有增删。

② "感知"在胡塞尔认知现象学中是一个非常重要的概念。按胡塞尔的说法，感知是原本意识，因为感知所统摄的是感觉材料，即体现性的、自身展示性的内容。因此，作为直观行为的感知与同样作为直观行为的想象比，是最原本的，是一种"当下行为"（呈现行为），而想象是"当下化行为"（再现行为）（张祥龙、杜小真、黄应全：《现象学思潮在中国》，第31页）。

在感知的同时，将有社会学意义的材料从所有材料中分离出来，并争取完成从经验到理论的研究层面的提升，做出一个带有经验层面的生动鲜活的理论概括。而这样的感知，用胡塞尔的话来说，就是"本质直观"的一部分，是本质直观的内在基础。所以说到底，本质直观并不外在于原初感知（不是对于感知加以抽象、概括的结果），而只是通过观察目光的调整，改变统握感知材料的方式罢了，也就是从感觉直观的方式转变为概念直观或范畴直观，发现更高层的关系结构。我们要选择的是具有社会学意义的普遍性的材料，而这样的普遍性显然是具有"类本质"的属性，但又是浸泡在原初的感知场之中的。

4. 意义的逻辑的把握

在访谈的现场，我们可以通过感知发现一种意义的一致性，即被访人赋予自己访谈的内容与他的外貌、穿着打扮以及他赋予自己生活环境（如果是在被访人家里进行访谈）的意义是一致的（这就是"意义的逻辑"）。这是因为这样的意义赋予是与被访人的生命过程紧密相连的，在这样的生命过程中形成了被访人（在社会分层中）的自我定位、他的价值观和人生观、他对生活的态度以及他的行为与个性特征。而在访谈过程中，被访人的访谈内容和他的外貌神态及行为举止会或隐约或清楚地体现这一切，以至于到最后可以浓缩或突现为"我是一个什么样的人"这一社会学意义上的类的判断。这时我们就获得了解读被访人赋予其话语和行为意义的钥匙，在这种意义上，我们获得了探索被访人内心世界并完成对被访人的理解和解释的可能。这样的意义逻辑，也是加芬克尔（Harold Garfinkel）所言的用于理解表达与行动的"索引性"（indexity）的一个表现，①我们可以由此去追溯被访人在访谈中未予明确言说的言外之意。这就为下文所述的洞察提供了一种可能。

三、洞察：感知的目标和结果

根据本文第一部分叶秀山对海德格尔对胡塞尔思想之继承的一个解释，海德格尔认为"现象学的'意义'不是普通逻辑概念抽象的'内涵'，而是直觉性的事物本质的显现"。因此，作为感知的目标和结果的洞察，就是在直观式的感知中获得对事物本质的认识，而这样的事物本质是"显现"在那里的，是只要你去感知就一定能认识它的。上

---

① 李猛：《常人方法学》，杨善华主编：《当代西方社会学理论》，第57—58页。

面所引海德格尔的阐述的另一个意思是，这样的本质就是事物自身所显现的意义，[①] 所以就是这样的意义与事物（现象）一起同时呈现在那里，等候着我们的感知和发现。

从我们的实践来看，作为感知目标和结果的洞察，它可以包括如下几个部分。

第一，对被访人言外之意的洞察。这构成了对被访人贯穿在访谈中的主观意图的判断的一个重要环节。该讲的被访人没有讲，该答的被访人回避了，这都反映出被访人的意图和他的价值观，或者这件事情与被访人有着直接的利害关系。有的时候被访人也会用曲笔，即非常含蓄地表示他对一件事情的态度，而他们之所以这样，是因为这可能涉及他们的家庭关系中不足为外人道的部分，或者是因为存在着感情方面的伤痛。除此之外，对被访人在社会结构和社区利益格局中的位置的了解也有助于这样的洞察。比如，当一个领取最低社会保障的城市贫民自豪地言说自己家里从不欠债的时候，我们可以体会到这就是他的人格

① 按舍勒（Max Scheler）的说法，本质还可以区分为单个对象的本质与类本质（倪梁康：《现象学及其效应》，北京：生活·读书·新知三联书店，1994年，第81页）。在这里我们不做这样的区分，而只是把这种本质视为从事物（现象）那里感知到的具有普遍性的但也是现象本身的意义，在这个意义上，我们也可以将这种本质认作包含在个别中但又超越了个别的一般。

尊严之所在。① 当然，这样的洞察仍然是在感知的基础上发生的，或者说它是经由直观式的感知获得的，因为这是我们在访谈现场听取被访人讲述时得到的。一个训练有素的访谈者可以在几乎是被访人叙述这一内容的同时，感知到被访人这样的叙述背后的意义。

第二，对现象"本质"的洞察。本文第二部分曾提及对田野调查现场意义的逻辑的感知和把握，由对意义的逻辑的阐述可知，一旦我们实现了这样的感知与把握，其实已经完成了对现象本质的洞察。但是，由对"本质"的界定可知，这种对"本质"的洞察其实最重要的是对现象所呈现的意义的普遍性的洞察。而当进到这一步的时候，这就意味着提炼和关系统握已经出现，只是这种提炼和关系统握更多是一种"意义"的"萃取"，而并非逻辑推演的结果（至少在很大程度上是这样），当然，这样的"萃取"的背后一定会有社会学理论与视野的构成作用。比如，当我们从西部农村几户村民在生产与生活中的长期互助，进而提出"道德共同体"这样的概念，来回应地形所造成的、山区与半山区的农村社区在分田到户后差不多是一盘散沙

① 当然，如本文第二部分所述，对意义的逻辑的感知与把握使我们获得了感知被访人言外之意的一种索引性，这也有助于获得对被访人言外之意的洞察。

的社区整合状态时，我们的问题意识与社会学视野就得到了清楚的显现。还要再说一句的是，我们考察现象所呈现的意义的普遍性，其最终目的还是要落在了解和认识中国社会这一点上。因此，当我们发现苏南和浙东农村社区老实本分、奉公守法的民风，并以它来回应社区秩序的形成机制这样的问题时，其实我们是在跟以往关于"社会何以是可能的"的研究做理论对话，但是，如大家所知道的，"社会何以是可能的"恰恰是社会学的一个根本性问题。

第三，对现实社会生活与制度安排中"盲点"与悖论的洞察。如本文第二部分所述，舒茨认为，处于生活世界中的人，其基本特点就是自然态度。但是，恰恰因为这是未经反思的、想当然的"自然态度"，这种态度以及隐藏在其背后的价值观念就可能是片面的，甚至是悖谬的。福柯曾揭示"自由"的悖谬。他指出，某些自由对人同样有很大程度的制约作用。因为"那些约定俗成的制约""并不写在法律条文里"，"而是隐含在普遍的行为方式中"。① 福柯这段话可以这样来理解，即当"自由"从价值层面降为一种普遍的行为方式的时候，其实它就剥夺了个人选择的

① 米歇尔·福柯：《权力的眼睛——福柯访谈录》，严锋译，上海：上海人民出版社，1997年，第3页。

自由，而自由的要义恰恰在于它是个人所具有的**选择的权利**。所以，当我们清醒地意识到这一点的时候，就不会将自由看作一种绝对的价值，从而只是在制约和自由之间去寻求一种平衡。而我们的制度安排，也有很多是未经反思的（尤其是像风俗这样不成文的制度）。甚至有些过去看来是合理的制度，因为形势和体制的改变，也会失去它的合理性，但是仍被我们继承下来，成为制约我们前进的因素。当然也有可能是另外一种情况，即我们想推行的制度因为脱离实际而出现悖谬。比如在女性主义运动中就有一个机会平等与结果平等之间的悖论，即当追求男女平等的自由派女性主义者要求（就业）机会平等的时候，会因为男性和女性不是站在同一起跑线上而她们又拒绝特殊照顾，产生结果的不平等，但是当她们要求结果平等的时候，也会出于上述原因而需要社会做出某种政策倾斜来保证，但这恰恰是追求无条件的男女平等的自由派女性主义者所反对的。[1]另外，有时人们也会在贯彻执行某项制度的时候忽视了该制度的执行前提，从而将此变成一个盲点。比如"村民自治"，不管是政府还是民间，一般都认为这是一项推进

---

[1] 杨善华：《关注"常态"生活的意义——家庭社会学研究的一个新视角初探》，《江苏社会科学》2007 年第 5 期。

农村的基层民主，同时又可以在党的组织作用健全的情况下，一定程度上用它来履行政府机构的行政职能而又不增加自己的财政负担的好制度。但是当研究揭示出村庄政治精英和能人的大量流失导致村落社会的解体这一事实的时候，村民自治需要村庄政治精英与能人的参与这一前提条件就会显现，同时也会使人们意识到这恰恰是村民自治这一制度执行中的盲点。

四、结论

通过上面的分析，我们可以引出以下几个结论。

首先，托马斯·A.施瓦特（Thomas A. Schwandt）在《定性研究的三种认识论取向：解释主义①、诠释学和社会建构论》一文中认为，解释主义传统有以下几个共同特征：第一，它们将人类行动视为有意义的；第二，它们以对生活世界的尊重和忠实的形式表明了一种伦理承诺；第三，从认识论的观点看，它们共有着新康德主义强调人类主体性（如意图）对知识的贡献，而同时又并未因此而牺牲知

①　托马斯·A.施瓦特将舒茨的现象学社会学归入解释主义的范围。

识的客观性这样一种偏好。^① 应该说，这确实体现了现象学社会学的特征。但是我们认为，如果从现象学社会学的理论根源——现象学的层面来看，那么如本文第一部分所言，现象学社会学在强调"在社会世界中个人主体间性的沟通之中去重构行动的客观意义的根源"的同时，也必然会倡导一种积极的认知态度。^② 从我们的研究实践来看，可以说就是这样一种认知态度使我们对材料的感受变得日益敏锐。

其次，虽然本文对感知和洞察做了区分，但是在这里我们要申明的是，根据解释主义的传统，当理解被视为一种"认识者（作为主体的研究者）获取关于某一对象的知识（人类行动的意义）的智识过程"的时候，^③ 在认知的层面，其实我们是无法将感知和洞察明确分开的，因为感知和洞察就意味着理解的发生与解释的给出，因此，感知到就意味着洞察的发生。

再次，这样的感知和洞察，在实践过程中最后会表现

① 托马斯·A. 施瓦特：《定性研究的三种认识论取向：解释主义、诠释学和社会建构论》，诺曼·K. 邓津、伊冯娜·S. 林肯主编：《定性研究（第 1 卷）：方法论基础》，第 209 页。

② W. Outhwaite, *Understanding Social Life: The Method called Verstehen*, London: George Allen & Unwin, 1975, p.91.

③ W. Outhwaite, *Understanding Social Life: The Method called Verstehen*, p.91.

为一种直觉，或者说研究者对材料的一种即时反应。当研究者做出这样的反应时，其实已经省略了感知与洞察发生的一系列中间过程，而只是将材料的意义（本质）以直观的形式**显现**在自己的脑中，因此它类似于禅宗的"顿悟"，有点"直指本性"的意味。而这样的灵气也是认知现象学最引人入胜的地方。在这个意义上，纯粹西方的现象学与现象学社会学就与中国传统文化中的释道两家有了相通之处。这给我们的启示是，现象学社会学的训练在某种意义上也可以归结为这样一种直觉的培养。

最后，归根结底，现象学与现象学社会学并不是要提供一种对世界或者对社会的终极认识或者终极理论。按其本意，它提供的只是我们认识被胡塞尔与舒茨都看作研究重心的生活世界的原则与通路（当然也可以包括我们研究与分析生活世界不可或缺的某些方法论与方法方面的启示）。在这个意义上，现象学社会学是开放的，就像现象学是开放的一样。我们要完成的只是按照多姿多态的生活本身来认识生活这样一项任务，而这可以借用现象学的一句话来概括——朝向事情本身。

见微而知著：贯入田野实践的历史社会学

杨善华

一、问题的缘起

田野实践，既包括田野调查，也包括田野研究。在笔者看来，田野实践是以现象学社会学的方法论与方法为前提和进路的，也就是说，经由从韦伯到舒茨对社会行动意义的理解与解释的路径。这是因为，第一，被访人的口述也是一种社会行动，研究者必须对口述文本做出解释。这就涉及"意义"的问题——我们理解的是被访人口述文本的"意义"，我们要给出的也是借由"意义"的解释，而这一定是基于我们对文本"意义"的理解。第二，对观察到的现象给出解释同样涉及"意义"的问题。在某种意义上，社会现象都是因人的社会行动而发生的，而人的社会行动，按韦伯的说法，是被行动者赋予一种主观意义的，而且，这种意义可以被我们理解。而我们所观察到的社会现象，都在我们生活于其中的"生活世界"中。创造社会现象意义的，是与你同在、与你共处于被你和他人所共同直接经验的"生活世界"中的、与你一样有着主观意识的其他主体（社会行动者）。

舒茨对韦伯社会行动学说的质疑和修正导致了解释社会学的转向，这一转向首先体现在经典的解释社会学的"去历史化"上。"在舒茨笔下，生活世界似乎在所有时代、所有文化中都具有同样的结构。日常生活与历史分离了，成了所有历史变化的不变基础。""这一思想进一步强化了主流社会学界中宏观与微观的两极化学术制度。解释社会学被认为只适用于处理与宏观历史变迁和文化差异无关的微观的日常生活问题，从而成为处理宏观问题的主流社会学的补充。"[1]

因此，虽然田野实践着重于对行动意义的解释，但因为这种解释只有进入被访人的生活史、进入当时社会生活情境与宏观社会文化背景（即进入"过去"）才能获得合理性和准确性，故在这样的前提下，历史社会学的贯入就成

---

[1] 李猛：《舒茨和他的现象学社会学》，杨善华主编：《当代西方社会学理论》，第31页。

为必然。

至于什么是历史社会学，学界一直有着争议和分歧。肯德里克（S. Kendrick）等曾主编了一本书，名为《解释过去，了解现在——历史社会学》。书中引述艾布拉姆斯（Philip Abrams）的话指出："从二者所关注的事物看来，历史学与社会学一直就是同一件事。"肯德里克认为，这是因为"两者所要探求的都是人类行为，同时也都从年代演变的角度来理解社会结构的形成"。[①] 因为历史学关注的是人类社会的历史，而这样的人类历史一定离不开人的行动，这就与韦伯的"理解行动者赋予社会行动的意义"的观点非常契合。

所以，就此而言，历史社会学作为社会学的分支学科，其确立就有了牢固的基石。因为，"解释过去"，就是以意义去解释；而"了解现在"，也是用意义去了解或者说借由意义去了解。故对意义的理解和解释就成为"社会学和历史学融合的历史社会学"的研究目的和研究进路。不过正如米尔斯（C. Wright Mills）所指出的："如果没有融合'历史学'与'传记'，如果不去了解宏观的社会进程如何融合个人经验及其家庭经验，如何赋予它们意义，则我们

---

① S. 肯德里克、P. 斯特劳、D. 麦克龙编：《解释过去，了解现在——历史社会学》，王辛慧等译，上海：上海人民出版社，1999 年，第 2 页。

几乎不可能理解人类之间的关系。"[①] 而田野调查的目的恰恰是通过对个人所叙述的意义（包括被访人赋予访谈现场的意义）的理解和诠释来达致对社会、社会关系与社会结构的认识和把握，因此，历史社会学在田野实践中的切入就是必然的。这是因为，田野调查是一种质性研究，[②] 它以个人的"生活世界"以及社会组织的日常运作为研究对象，所以田野调查中的访谈大都以个人为对象来展开。

"以个人生活史为切入点的深度访谈隐含了这样的假设：宏观的社会变迁以及社会文化会以不同的方式投射到不同的个人身上，从而影响个人的生命历程。"[③] 所以，为了经由访谈获得对宏观社会变迁的认识，口述文本通常会由个人生活史切入，这样"过去"就是不可回避的研究方向。每个被访人的叙述都是将其记忆中的经历、见闻和感想表达出来，显然，这都关涉到上文所说的"过去"。而被访人选择将什么样的经历、见闻和感想表达出来则受到其生平

① S. 肯德里克、P. 斯特劳、D. 麦克龙编：《解释过去，了解现在——历史社会学》，第1—2页。
② 陈向明教授在《质的研究方法与社会科学研究》一书中将质的研究方法的主要特征归结为以下几点：（1）自然主义的探究传统；（2）对意义的"解释性理解"；（3）研究是一个演化发展的过程；（4）使用归纳法。参见陈向明：《质的研究方法与社会科学研究》，第7—8页。
③ 杨善华、孙飞宇：《作为意义探究的深度访谈》，见本书第71页。

情境的影响。霍桂桓释舒茨的"生平",认为其"系指个体经验储备形成的历史性"。[①]另外,被访人的外貌、穿着发生在访谈现场,展现于研究者与被访人相遇之时,但这样的外貌穿着也承载着被访人的过去,是被访人根据自己的生平情境做出选择的结果。所以,从以上几个方面看,田野调查必然关涉到历史,这就与以"过去"为研究对象的历史社会学形成了又一个契合点。

二、历史社会学研究的问题域

上文强调的历史社会学与田野调查的两个契合点还不足以构成在田野调查中应用历史社会学的充分理由。要解决田野实践中历史社会学的应用是否可能的问题,就必须考察历史社会学的问题域,因为我们(田野调查实践者)所认可的未必就是历史社会学所认可的。而要考察历史社会学研究的问题域,就必须回到历史社会学的定义。

有意思的是,历史社会学作为分支学科早已经存在了,但是很少有人给出一个理论定义。比如梯利(Charles Tilly)

[①] 霍桂桓:《舒茨》,苏国勋编:《当代西方著名哲学家评传·第十卷:社会哲学》,第342页。

就认为："历史社会学不可能像调查社会学那样，可根据其研究的方法和素材，取得明确的专业定义。"[1]辛西亚·海伊（Cynthia Hay）曾在《何谓历史社会学》一文中引述卡尔（E.H. Carr）的话说："社会学变得愈像历史学，历史学变得愈像社会学，对两者而言都比较好。"卡尔的观点在历史学界和社会学界显然是多数派的观点。大多数学者认为历史社会学之所以会成为一个独立的分支学科，是因为历史学和社会学在研究视野和方法方面各自存在着缺陷，形成了一种取对方长处以补自己短处的现实需要。就如海伊自己所说："历史学在学术上是个不具骨架的学科，……必须仰赖其他学科提供理论或结构。"[2]在《社会学与史学》一文中，许倬云认为，史学注重历史事件与行动的次序及发展线索，社会学注重社会形态及转变方向。二者的任务也不同，史学可以提供放大无数倍的历史社会，以作为比较研究的素材，社会学则可以为史学提供理论及现代社会科学

---

① S.肯德里克、P.斯特劳、D.麦克龙编：《解释过去，了解现在——历史社会学》，第3页。

② 海伊自己虽然将论文题目定为《何谓历史社会学》，其实她是从史学的角度，将历史社会学言说成"社会历史学"。参见S.肯德里克、P.斯特劳、D.麦克龙编：《解释过去，了解现在——历史社会学》，第24、26—27页。

研究工具，例如统计学。① 就我目前掌握的文献，只有丹尼斯·史密斯（Dennis Smith）在其所著的《历史社会学的兴起》一书中给历史社会学下了一个理论定义："简而言之，历史社会学是对过去进行研究，目的在于探寻社会是如何运作与变迁的。"丹尼斯·史密斯认为，一些社会学家缺乏"历史意识"：在经验方面，他们忽视过去；在观念方面，他们既不考虑社会生活的时间维度，也不考虑社会结构的历史变迁。与之相似的是，一些历史学家缺乏"社会学意识"：在经验方面，他们忽视不同社会的进程与结构的不同；在观念方面，他们既不考虑这些进程与结构的普遍特性，也不考虑它们与行动和事件的关系。②

丹尼斯·史密斯对历史社会学下的这个定义，其实和其他学者强调历史社会学是历史学与社会学的融合的一样，都强调的是在一个宏观层面以及相对长的时间段里对社会进行研究，他在后边引用和评述的一些学者（如布洛克与埃利亚斯、摩尔与汤普森、斯考克波和梯利）的研究也证明了这一点。所以，这些西方学者在历史社会学研究方面

---

① 许倬云：《求古编》，台北：联经出版事业公司，1982 年，转引自张华葆：《历史社会学》，台北：三民书局，1993 年，第 10 页。
② 丹尼斯·史密斯：《历史社会学的兴起》，周辉荣等译，上海：上海人民出版社，2000 年，第 4 页。

的问题域明显是在宏观层面的。很显然，如果按照这样的历史社会学定义，把问题域定在社会的宏观层面，那么历史社会学就无法贯入田野实践，因为田野实践中我们直接的研究对象是处于微观社会层面的个人。

三、历史社会学贯入田野实践的可能性

这里之所以用"贯入"一词，是因为笔者认为田野实践始终都需要历史社会学的引领，只不过笔者在这里所言的历史社会学在定义、方法乃至问题域方面都与单以宏观社会作为自己研究之问题域的历史社会学有所不同。

从社会学这门学科的发展史看，早期的实证主义和结构功能主义虽然也试图在宏观层面对社会现象给出解释，但由于缺乏时间维度，加之试图以一个"grand theory"（宏大理论）解释一切社会现象，因此也受到批评。学者张华葆就曾指出，现代社会学之发展以自然科学为模式，重视实证科学及量化分析，却有见树不见林之弊病，[①] 更缺乏

---

① 笔者认为，张华葆这个说法，在社会学理论发展史的早期和后帕森斯时代默顿（Robert King Merton）提出"中层（程）理论"（the theory of middle range）影响到经验研究之后是成立的。

历史眼光，局限于种族文化本位主义，过度强调现代与传统之分野，忽视二者一脉相承的密切关系。[①] 深受美国芝加哥学派社区研究影响的费孝通教授在 1982 年 10 月与笔者的谈话中也曾指出："帕森斯的理论是见林不见木，但是社会学一定要见人。"[②] 笔者认为，费先生所言的这个"人"就是我们通常所说的"社会人"，我们正是通过这样的"社会人"来认识人背后之"社会"的。

因此，历史社会学贯入田野调查和研究的最大可能性，[③] 或者说之所以成为必需，是因为我们必须对田野调查中被访人叙述和我们所观察到的现象的意义进行理解，并在此基础上给出准确（或者说切合实际）的解释，而这只有经过韦伯和舒茨的路径才能达到。费孝通教授所言的"社会人"也就是韦伯和舒茨笔下的"社会行动者"，他们为自己的行动赋予了一种主观意义，而这种意义具有明确的"社会性"，因此可以被互为主体的他人（也包括研究者）所理解。

---

① 张华葆：《历史社会学》，第 28 页。
② 1982 年 10 月笔者随费孝通教授五访江村时与费先生的谈话。
③ 我们切入的维度决定了我们眼中的历史社会学不仅要指向对宏观结构的理解，也会指向宏观结构之中作为社会行动者的微观个体。而正是由于这样有着对其生平情境的理解并关注自己生平情境的行动者的社会行动，历史才能不断对今天发生影响。

在此基础上，很多学者进一步致力于对宏观社会的了解和认识。张华葆认为，以韦伯为首的德国社会学在反省德国史学对实证主义社会学的批评后，建立了"理解社会学"，并以理解的方法透视社会现象之内在意义及因果关系。韦伯的理解社会学受到传统社会学派的批评，直到1953年舒茨发表《社会科学概念及理论之塑造》论文之后方得以化解。

舒茨认为真实世界（realities）有三种类型：第一种是物质世界（Physical reality），是自然科学探讨的对象；第二种是心灵世界（Psychic reality），是心理学探讨的对象；第三种是社会文化世界（Socio-cultural reality），是社会学及其他人文科学探讨的对象。社会文化世界展现于人的行为与心态中，因此必须透过"理解"，由人的内心及行为表现去探索社会文化的意义及内涵。张华葆认为，舒茨这样的解释化解了唯心论和唯物论的争议，打破了长久以来社会学内部之争议，也促使了社会学与历史学更为接近。[1]

张华葆的说法可以这样去理解：能打破社会学内部之争议的恰恰是舒茨所说的社会文化世界。因为社会文化是

----

① 张华葆：《历史社会学》，第29页。

贯通了宏观社会与微观的"社会人"的，它在宏观层面具有普遍性，在微观层面又可以支配与制约人的行动。在区域文化层面的社区和微观的社会行动者层面，这样的社会文化在某种意义上就演变为"常情、常识与常理"（这三者就是行动意义社会性的体现），[①] 即我们通常所言的"人情世故"或行为规范，给了我们一个理解人的社会行动的进路。但是这样的社会文化也具有一种模糊性，因为它很难在经验层面找到一个可以量化的指标加以指代，同时在推广（即确定其普遍性的范围）上也具有不确定性。尽管它有这样的缺陷，但是就整体和变迁而言，社会文化必定是历史社会学研究的对象，而从理解社会行动者赋予行动的意义这一路径去透视其行动背后的社会文化及宏观社会变迁，也是我们田野调查与研究的目的与方法，所以在这一前提下是可以达致社会学与历史学的融合的。

举一个例子，在农村调查中，人情往来是我们一个重要的关注点：它虽然不起眼，但又不可或缺。当家庭亲戚众多的时候，这样的人情往来也会变成沉重的负担。2004年我们在山西 Y 县农村访问过一户人家，询问被访人什么

---

① "常情、常识与常理"系《中国社会科学》杂志社冯小双编审于 2013 年一次会议的发言中提出。

开支最大，他回答说是"人情"，一年要 3 000 多元。原因是这个男性当家人和他妻子都是兄弟姐妹众多，现在下一辈都到了结婚的年龄，都是直系亲属，若是不送礼，那么以后这门亲戚就断了。而且，不能厚此薄彼，这个送，那个不送，所以他们很是无奈。这也就是社会文化在微观层面的含义——它可以有效地规范和制约个人行为。就像我们在云南丽江调查"村寨银行"一样，村民对违规者的惩罚措施是，以后他家的"红白喜事"全村人都不参加。这就等于开除了违规者的村籍，足以让违规者在村庄中丢尽面子。"红白喜事"是社会宏观层面的风俗，它具有社会文化的含义，但它也会贯入微观层面的城乡社区，成为每个家庭中的行动者必须遵循的行为规范，而且，这样的风俗已经流传了数千年，至今尚未看出有被改变的可能。当然，就具体的程序来讲，还是有所变化，比如婚礼中的喝交杯酒，在汉代被称为"合卺"，"卺"的意思是匏瓜，剖成两半挖空之后变成酒器，婚礼时每半之一端系上红线倒上酒，新郎新娘各执一半饮之，意为"合体同尊卑"。现在婚礼时新郎新娘也饮交杯酒，但是已经使用玻璃杯了，饮酒的姿势与传统相比也有变化，这就是改变。

因此，这也是为什么恰恰是韦伯-舒茨路径可以使历史

社会学贯入田野实践。而历史社会学贯入田野实践的另外
两种可能来自我们对宏观与微观的理解，以及对过去和现
在的看法。

　　虽然社会学的田野调查面对的只是个别的人和现象，
但是与人类学的田野调查不同，它关注的首先是现象的社
会性方面，而非文化方面（虽然它对现象的文化特质同样
有着浓烈的兴趣），比如社会结构以及宏观社会变迁对个
人和社会现象的影响：它以何种方式体现在个人和现象之
中？具体表现如何？继而，它对个人的生活史表现出一种
特别的兴趣。这是因为被访人的生活史虽是经由个人道出，
但这样的生活史必然投射了宏观社会变迁。比如说现在去
访谈一个年龄超过 70 岁的人，他很可能是当年经历了"上
山下乡"的知识青年。其次，被访人的观念和行动必然会
受到社会情境的制约，过去发生的社会变迁毫无疑问会影
响到他今天的社会地位和生活方式、行为方式。因此，被
访人说什么、不说什么都不是偶然的。笔者从多年的访谈
经历中体会到，被访人的叙述一定都是有意义的，但未必
都有社会学意义。我们的任务是发现其叙述中有社会学意
义的内容，揭示它的内在意涵，由此获得对宏观社会的认
识。所以，它是以社会学的视野给予被访人和观察到的现

象的一种特殊关注。

对于过去与现在，虽然肯德里克等编辑的《历史社会学》一书被冠以"解释过去，了解现在"这样的题目，但是笔者不赞成将过去与现在截然分开的做法。因为从时间维度看，历史即意味着时间的消耗和延续，我们看到的所有现实的人或事物，在其成为当下人与物之时都有时间的消耗，故都包含着历史或者说"过去"。另外，社会学的理解和解释非常重要的是给出因果解释，而因果解释必然存在一个时序，所以田野研究的解释必然包含了"过去"在里边。这恰恰是历史社会学的维度。

历史社会学贯入田野实践的最后一种可能是因为，既然我们在田野实践中承认韦伯和舒茨的意义理解和解释是自己的研究目的和方法，那么我们同样要承认，在这样的理解和解释中，意义建构是必然的。

我们做田野调查的目的在于了解真相，在这样的调查中我们看到的人和听到的话虽然是"当下"发生，但它指涉的一定是"过去"，而且，在这样的讲述过程中也一定有被访人自己的诠释，所以我们了解到的真实或者我们诠释的真实只能是一种"意义的真实"，因为经由被访人叙述的，既然有被访人自己的意向或诠释，那就一定有他的意义建构在里边；而经由现象呈现的内容，当其被我们讲述的时候，又有我们理解过程中的意义建构在内。

比如 2021 年 1 月，笔者在北京郊区访问一个开小餐馆的黄姓中年男子，他在 1989 年就来北京打工，学餐饮。他表面上轻描淡写地说自己在 1998 年 24 岁的时候就考上了特二级厨师，以后在河北某县作为行政主厨，管过六家旅游饭店的厨房。其实他是在用明贬实扬的手法向我们讲述自己人生最辉煌的一段历史（当然前提是访谈员要能理解他说的意思）。由于笔者对厨师这一职业还有些常识，所以马上就说"您太厉害了"，"考特二"那不是一般地做菜，所有上桌的菜肴必须是色香味形俱全。笔者问他："您雕过多少萝卜，多少土豆？"他说："萝卜不知道，2 000 来斤土豆吧。"讲到现在开餐馆，他就说"现在要学做家常菜了"，那意思是以前虽然也做厨师，但自己是不做家常菜的。一种居高临下、睥睨众生的豪气就在这样平淡的叙述中被带出来了。由此可见，这段讲述是经过被访人"精心策划"的，但是笔者的烘托也让被访人有知音之感，所以访谈也在这样的交流中很快形成了融洽的气氛。当然，这是经由被访人和访谈员不断地"意义建构"而实现的。

故张华葆指出，虽然历史社会学是以社会学的视野去解释历史，但是在这样做的时候必须注意："存在历史事实与历史学事实的区分，历史事实是过去真正发生的事情，其真相是不可知的。历史学事实则是史学家对于某一历史事件的诠释，而史学家卡尔则认为，历史学事实，也就是历史书上我们所读的一切陈述分析，不是纯客观的，它们之所以成为历史学事实，就是出自史学家心目中重视某一些历史事件，透过他们的诠释、选择，以图解释某一历史现象。"[①] 笔者认为，这种区分正说明了为何我们的解释一定是一种意义建构，以及为何我们通过解释得到的一定是一种"意义的真实"。由张华葆所做的"历史事实"与"历史学事实"的区分可知，我们在田野调查中获得的事实一定属于"历史学事实"的范畴，并且历史社会学的维度可以帮助我们在宏观社会层面透视和还原该事实的"真相"（虽然这仍是"意义的真实"）。

四、历史社会学在田野实践中的贡献

总括上文，历史社会学为蕴含时间维度的社会学开阔

---

① 张华葆：《历史社会学》，第48页。

了视野，为田野调查中被访人的叙述和行动的意义之"过去"特征提供了一种动态解释的可能，从而也弥补了舒茨的意义诠释之"去历史化"的不足。那么，具体而言，历史社会学在田野调查和研究实践中的贡献会在哪里？其实，在上文讨论历史社会学贯入田野调查的可能性时，我们已经可以想见，当这几种可能变成现实的时候，就能发现历史社会学在田野实践中的贡献。这包括：

第一，以历史社会学的视野强调被访人生活史的宏观背景，因为这种宏观背景有必然性。社会分层的客观存在一定会使这些"不同的个人"在社会结构中占据某个位置，不管是在社会上层还是底层。新中国成立后原本相对稳定的社会阶级和阶层的相对位置发生了重大变迁，1978年开启的改革开放又使中国社会的社会分层再次发生变动，当然，这样的变动势必会影响到中国社会中的每个个人。以与共和国一起成长的"老三届"学生为例，他们就经历了1959—1961年的三年困难时期，1966年开始的十年"文革"，1968年开始的"上山下乡"，1977年的恢复高考，1979年的知青返城，1990年代的国企"下岗"浪潮等一系列的重大社会事件。这些重大事件导致的社会变迁也使每个人在社会分层中的位置出现上上下下的变动，其生命历程自然也因为这样的变动而发生改变。这种改变最主要的标志就是于个人而言一系列"悖时"（off time）事件（比如在应该读书上学的时候却下了乡）的发生。

如前所述，个人生活史呈现的"过去"必定包含了个人以往在社会中的定位，这就是过去的社会结构的呈现，而这种过去的社会结构，则以"路径依赖"的方式影响乃至主导或支配着现实的人的社会地位、行为方式、生活方式以及观念意识。这就为我们理解和解释现实中的个人的情感、观念、行为方式和生活方式提供了可靠的依据和缘由。[①]

第二，在历史社会学视野下，对被访人生活史的把握有助于我们对被访者行动的理解。这是因为"生平阐释（biographical-interpretive）的一个优点是它能够探寻个人意义的深度层次（its ability to explore latent levels of personal meaning）"。[②] 要真正理解从被访人那里所得到的资料，就

---

① 这也是为什么我们在做个人生活史的询问时一定要问及被访人的家庭背景，因为这样的家庭背景（如父母的教育程度和职业）就是被访人在过去的社会结构中定位的表现。

② Prue Chamberlayne, Joanna Bornat and Tom Wengraf (eds.), *The Turn to Biographical Methods in Social Science: Comparative Issues and Examples*, New York: Routledge, 2000, p.9.

必须将其与生活史以及文化等因素结合起来。而社会文化的揭示恰恰是在历史社会学背景下因其融入了历史才会更加全面和准确。在舒茨那里，个人行动（action）的意义在于反省的掌握及其与生平情境的关联。将行为（act）本身作为一个意义脉络，可以发现其中的意向行为、行动的执行，以及手头的知识库（stock of knowledge at hand）。① 在此知识库中，每一个当下之后的经验，都会处于一个整体的意义脉络之中。生活史叙述的第一个重要的作用，就是追寻被访者行动的原因动机，从被访者的经验图式中，也即他的生平经验中来理解他当前的处境、行动、态度，以及他赋予叙述材料的意义。将访谈中获得的资料放入被访者的生平情境中，才能够获得更为全面的理解，才能发现在平淡无奇的日常生活中隐藏的故事。并且这样的故事会因为与宏大历史的关联而让我们获得更为准确的理解。只有

① Alfred Schutz, *The Phenomenology of the Social World*, p.82. 舒茨认为，普通人在面对外在世界、理解世界时，并不仅仅是在进行感知的活动，他们和科学家一样，也是运用了一套极为复杂的抽象构造来理解这些对象，舒茨称这些构造物为"手头的知识库"。这些知识是普通人在"主体间性"的世界中逐渐形成的。这涉及普通人的生活历史，舒茨称之为"生平情境"。而舒茨这里关注的历史性，是指一个人进入的这个情境是和他所有以往主观经验的积淀密不可分的。正是这些以往的主观经验构成了一个普通人面对情境时可以利用的"手头知识"（杨善华主编：《当代西方社会学理论》）。

如此，"生活中隐秘的意义才会通过叙述体现出来"。[①]

第三，历史社会学可以帮助我们"见微而知著"，从观察到的个人或现象的细微之处入手，通过对内在"意义脉络"的追溯，达致对"意义的真实"的洞察，从而获得对个人的行动的意义以及内心世界和现象所浮现的意义的一个相对准确的解释。历史社会学要求有一个从宏观层面出发因而相对开阔的视野，要求对细节做出"小中见大"的洞见，从而发现人物行动的意图或某种社会现象背后可能的真相（虽然需要经由研究者的解释）。但反过来，它也可以在微观层面达致对历史事件"碎片式"的还原，从而为了解与解释历史事件做出自己的贡献。可以说，在田野调查中，我们听到的话语或者观察到的生活细节都是以"碎片化"的方式呈现出来的。根据笔者的经验，我们作为访谈员虽然是与被访人第一次见面，但是我们都是把自己的"过去"带进了访谈现场的，所以在访谈现场观察到的"碎片化"的细节其实就是被访人以往的生活和社会地位的一

---

① G.A.M. Widdershoven, "The Story of Life: Hermeneutic Perspectives on the Relationship between Narrative and Life History". In J. Ruthellen (series ed.) and L. Amia (vol. ed.), *The Narrative Study of Lives*, Vol.1, Newbury Park, CA: Sage Publications, 1993, p.2.

种展现。通过这样的过程，我们可以找到意义的脉络，把这些"碎片化"的细节缀连在一起，从而获得对被访人及他们的生活史一种准确的、"小中见大"的解释。

第四，由"小中见大"入手，田野中了解到的个别"真相"（意义的真实），也可以对宏观层面的历史事实（其中首要的是历史事件）做出挑战。正史写作的过程，会有作者的"概念先行"和"价值先行"，而这会导致作者对历史事实的过滤（即只选取事实中与自己预判相一致的部分，而舍弃事实中与自己预判不一致的部分），这样就会影响其论断的客观与全面。① 但是因为历史社会学也强调对意义的理解和解释，所以它就会与现象学社会学高度契合，从而接受田野调查中的"悬置"原则。这样，研究者获得的历史事实（虽然它仍然是一种"意义的真实"）是相对客观的和全面的，因而就有可能对宏观层面叙述的历史事实构成挑战。2007 年我们团队在河北 Y 县农村调查时，笔者就曾访问过一个李姓男村民，他神采飞扬地跟我们讲起村庄周围的"大仙"。笔者当时就很吃惊，马上想到一个问题：新中国成立已经快 60 年了，国家对科学的宣传可谓不遗余

① 这恰恰是历史文献与档案难以避免的问题。

力，遍及中国城乡，那么为什么这里的村民还会相信这样的"迷信"的东西？由此产生的猜想是，在民间社会，是否存在一个国家力量不可及的层面？这样的问题和想法，就和以往一些学者通过对少数南方农村的调查得出的结论，即"1949 年后国家已经实现了对中国农村基层的全面控制"这样的乐观判断产生了理论对话。

总括上文，笔者认为历史社会学在田野实践中可以大有作为，而历史社会学贯入田野实践也一定能提升田野研究之水平，使其视野更为广阔，分析更有洞见。

核心方法：作为意义探究的深度访谈

杨善华、孙飞宇

一、问题的提出：深度访谈的实质

深度访谈作为定性研究中的方法，在目前的社会学领域中有着重要的地位。所谓深度访谈，学界所指的主要就是半结构式的访谈（semi-structured depth interview）。[①] 汤姆·文格拉夫（Tom Wengraf）提出了半结构式深度访谈最重要的两个特征：第一，"它的问题是事先部分准备的（半结构的），要通过访谈员进行大量改进。但只是改进其中的大部分：作为整体的访谈是你和你的被访者的共同产

---

① Catherine Hakim, *Research Design: Strategies and Choices in the Design of Social Research*, London: Allen & Unwin, 1987; Hilary Arksey and Peter Knight, *Interviewing for Social Scientists*, London: Sage Publications, 1999; Tom Wengraf, *Qualitative Research Interviewing: Biographic Narrative and Semi-structured Methods*, London: SAGE Publications, 2001.

物（joint production）"；第二，它"要深入事实内部"。^①

关于第一个特征，文格拉夫指出，访谈员事先准备的访谈问题必须要具有开放性，在访谈中，被访者对事先准备好的问题的回答和随之而来的问题都是研究者预先无法计划的，因而，访谈必须"以一种谨慎的和理论化的方式来加以改进"。^②这一特征已经成为关于深度访谈的基本共识，也是我们对访谈的基本主张之一。研究者不能试图在具体的访谈过程中去确定和提出每一个事先安排好的具体问题，甚至也不能够事先确定每一个具体的问题。在事先的准备过程中，"半结构式的访谈应当只确定主要的问题和框架，访谈员应能够改进随之而来的问题，并同时探究意义以及出现的兴趣领域。在事先确定主题和话题领域的情况下，要渴望听取被访者的叙述。但访谈员也要注意改进问题，以澄清或者扩展回答"。^③在此前提下，"尽管访谈员足以将谈话导引到感兴趣的题目上，深度访谈还是会为被访者提供足够的自由，他自己也可以来把握

① Tom Wengraf, *Qualitative Research Interviewing: Biographic Narrative and Semi-structured Methods*, p.3.

② Tom Wengraf, *Qualitative Research Interviewing: Biographic Narrative and Semi-structured Methods*, p.5.

③ Hilary Arksey and Peter Knight, *Interviewing for Social Scientists*, p.7.

访谈"。①

但是深度访谈最重要的目的还在于它的第二个特征，即所谓"要深入事实内部"。这包括两个方面，一个是何谓"深度"，一个是如何能够深入事实内部。关于"深度"，文格拉夫提出了两个方面：

> 1. "深度"了解某事乃是要获得关于它的更多的细节知识。
>
> 2. "深度"指的是了解表面上简单直接的事情在实际上是如何更为复杂的，以及"表面事实"（surface appearances）是如何极易误导人们对"深度事实"的认识的。②

文格拉夫强调了更为丰富的细节知识和事实之间的意义关联。但是我们并不认为这是对深度访谈之"深度"的全面解析。如果考虑到格尔茨（Clifford Geertz）所强调的"深描"就会发现，文格拉夫并没有关注访谈员在深度

---

① Catherine Hakim, *Research Design: Strategies and Choices in the Design of Social Research*, p.27.

② Tom Wengraf, *Qualitative Research Interviewing: Biographic Narrative and Semi-structured Methods*, p.6.

访谈中所遭遇到的舒茨所谓的两个世界的问题。[1] 换句话说，**所谓"深度"的问题，是与如何达到深度的问题密切相关的**。而深度访谈的实质，并不是仅由对待"深度事实"的态度所构成。如果不对深度访谈的具体方法做详细的讨论和清晰的认识，也很难达到访谈的目的。

格尔茨主张在面对复杂而又含混的文化结构时，首先应该掌握它们，然后加以转译。这种掌握是以被访者概念系统来完成的。换言之，研究者要进入被访者的日常系统，"必须以他们用来界说发生在他们身上的那些事的习惯语句来表达"；[2] 然后再将所得到信息"转译"为社会研究的语言，对此信息的意义给出解释。所谓深度的事实，从意义的角度来说，首先是要了解它对于被访者而言的意义，然后才能够考虑研究者的意义情境。

对于深度访谈的态度直接由对待定性研究的态度决定。在访谈当中面对叙述者的时候，我们想获得什么？在这个问题上，我们同意凯瑟琳·哈克姆（Catherine Hakim）的

---

[1] Alfred Schutz, *Collected Papers Ⅱ: Studies in Social Theory*, edited and introduced by Arvid Brodersen, The Hague: Martinus Nijhoff, 1976.

[2] 克利福德·格尔茨：《文化的解释》，韩莉译，南京：译林出版社，1999年，第19页。

观点："定性研究关注于个体对他自己的态度、动机和行为的表述（accounts）。……定性研究的使用并不必然意味着方法论上的个体主义（methodological individualism），也就是说，并不意味着将所有的解释都归之于自我指向（self-directing）的个体。但是人们关于情境的自我定义是任何社会过程的重要因素，即使它没有提供完整的表述或者解释。"[①] 被访者在整个访谈过程中的所有表现都是研究者观察的对象，并且是后者研究资料的来源。访谈资料既然来自被访人的叙述，那么这样的资料一定也是由被访人赋予了意义的（或者根据我们深度访谈的实践可以这么说：这是经由被访人主观建构的叙述），因此，一般说来，对访谈资料的理解和解释可以大体等同于对被访人赋予访谈资料的意义的理解和解释。我们要理解并给出解释的则应是被访人赋予访谈资料（话语）的意义。这其中包括被访者赋予这些资料的意义，以及这些资料和被访者的行为对研究者而言的意义。此外，我们还要关注访谈发生的场景，因为这样的场景同样是由被访人赋予了某种意义的，并且该意义与被访人赋予自己叙述的意义是存在着某种联系或一致

---

① Catherine Hakim, *Research Design: Strategies and Choices in the Design of Social Research*, p.26.

性的。

我们实现研究目的的前提在于对这种访谈资料的理解和解释。于此，我们进一步认为，深度访谈发生的过程同时也是被访人的社会行动的发生过程。被访人在访谈过程中的所有表现，诸如动作、表情以及最重要的叙述行动，也需要我们去观察、理解与解释（即在深度访谈这一获取资料的过程中，必须将资料的载体也纳入资料的范围之内）。

但是这样的观察、理解与解释并不意味着研究者要与被访者的意义体系相混淆。我们应该在行为者的日常系统中完成对行为者的"投入的理解"和"同感的解释"。[①]这也符合韦伯的原意，也就是说，要将对行动的理解放置在行动者的文化背景之下来进行，但同时也要注意明确区分研究者与被访者：我们所理解的是行动者赋予行动的意义，而不是我们研究者主观认为并强加于行动者的意义。舒茨将各个有限的意义域称为各意义世界，进入社会科学的世界意味着，放弃自然态度，成为价值无涉的观察者（disinterested observer），同时具备了与日常生活不同的意义关联体系。但是问题也随之而来，既然社会科学与

---

① 杨善华、罗沛霖、刘小京、程为敏：《农村村干部直选研究引发的若干理论问题》。

日常生活并非同一个世界，那观察如何可能？即使论域限定在访谈之中，问题也同样存在，研究者如何首先获得对于日常生活中的行动者的理解？舒茨认为："当他（社会科学观察者）决定科学地观察这个生活世界时，即意味着他不再把自身及自己的兴趣条件当作世界的中心，而是以另一个零点取而代之，以成为生活世界现象的取向。"[①] 社会科学的观察者，已经不再是日常生活的参与者。即使是在访谈类的观察中，也非如此，尽管访谈的特征是双方的互动。因为访谈一旦发生，被观察者的日常生活也就停止。要完成一个从日常生活的至尊现实世界到社会科学世界的跃迁，就必须将自己从实际的日常生活中抽身出来，"并将自己的目的动机限制在如实地描述与解释所观察到的社会世界中"。[②] 所以，如果研究者以社会科学观察者的"单一"身份来进行访谈，就不能够从根本的意义上完成对被访者日常生活的了解。研究者首先要做的，是与被访者共同建立一个"地方性文化"的日常对话情境。同时，研究者还必须能够分清楚，自身的世界——无论是作为社会科学研究

① Alfred Schutz, *Collected Papers I : The Problem of Social Reality*, edited by Maurice Natanson, The Hague: Martinus Nijhoff, 1962, p.158.

② Alfred Schutz, *Collected Papers II : Studies in Social Theory*, p.17.

者的世界，还是自己作为常人的世界——不同于被访问者的世界。研究者必须要防止以自身对世界和事件的意义性观点来取代被访者的观点。

因此，从意义的角度来看待深度访谈的实质，我们可以得出这样的结论：它是**对被访人在访谈时赋予自己话语及访谈场景（包括被访人当时的衣着、神情、行动和居家环境）的意义的探究。**[①]一旦研究者明确了这一点，便可以以一种积极能动的态度和立场去实现这样的探究。而这种积极能动的态度和立场的标志就是在访谈当时和现场就开始这样的认知。在这个意义上，深度访谈既是搜集资料的过程，也是研究的过程。

那么，我们如何能够在保持与被访人之间的疏离关系的基础上，来获取足够"深度"的知识？访谈又应当如何展开呢？阿科瑟（Hilary Arksey）与奈特（Peter Knight）提出了与半结构式深度访谈相应的一种访谈方法，称之为

---

① 意义的探究是现象学和诠释学所讨论的基本问题之一。我们在这里回避了"意义的探究为何是可能的"这样一个根本性问题，因为对它的解答涉及"人的认识何以是可能的"这一哲学认识论的根本问题，此为本文之力所不逮，因而本文只将如何在深度访谈过程中进行意义探究作为主题。于此，我们还要申明的是，虽然我们强调在访谈开始时研究即告开始，但是这并不排斥在访谈结束后我们对被访人赋予访谈资料与访谈场景的意义的探究，对于研究而言，这同样是必需的。

"渐进式聚焦法"（progressive focusing）。这种方法是从一般化的兴趣领域入手，逐渐发现被访者的兴趣点，然后再集中展开。因为在访谈中，被访者会对他自己感兴趣的话题有更多的叙述和表达。在访谈中，这种半结构式的、开放式的谈话是为了"从人们的话语中了解人们在情境中的问题领域，并试着用他们自己的术语来了解事情"。[①]文格拉夫也认为，被访者一般的兴趣都在于自身生活史，而这正体现 1990 年代以来定性研究的一个现象，即社会科学研究的生活史转向。

二、叙述的意义

所谓渐进式聚焦法中的一般兴趣领域，就是被访人的日常生活领域。从其日常生活中最细微、最普通的方面入手，来展开访谈。这里的日常生活，包括被访人的生活环境和生活情况。日常生活中的行动者，彼此之所以能够相互理解，除了作为我群关系的双方都处于同一个地方性历史的自然态度之下，共享同一个时空以外，还有一个重

[①] Hilary Arksey and Peter Knight, *Interviewing for Social Scientists*, p.18.

要原因，即他们会以社会行动来应对他人转向自己的社会行动的原因动机。① 由于日常生活中的互动者总是处于一种互动的意义脉络之中，所以对于彼此的理解可以得到即时的检验与纠正。这是与社会科学的观察者非常不同的一点，但同时也正是社会科学观察者的进阶。被访者所"得心应手"的日常生活，是达致理解的重要途径，也是访谈研究得以更进一步的基础。如前所述，我们主张研究者在访谈的开始阶段与被访者共同建立"地方性文化"之情境的原因，也在于此。在注意渐进式聚焦法的同时，我们还主张将话题更多地引向被访者的生活史。这不仅因为生活史一般都是被访者的兴趣所在，更重要的是，生活史的叙述有助于我们达到对被访者行动的理解，达到深度访谈之"深度"。

---

① 舒茨对于行动动机的分析得到了两种时间向度上的结果。一种是指向未来的动机，行动依此而指向一个在想象中已经完成的行为，换言之，行动是为了完成某个目标，这样的动机就是目的动机（in-order-to motive）。这里的计划行为指向过去某个类似的经验，也就是手头的知识库所提供的经验的再生。"每一个目的动机都预设着一个经验存储，并被提升为一种'我能再做一次'（I can do it again）的状态。"（Alfred Schutz, *The Phenomenology of the Social World*, p.90）第二个是指向过去的真实的原因动机（because motive），它与目的动机的差别在于，目的动机根据计划来说明行为，而原因动机以行动者的过去经验来说明计划。我们可以用一个中国的俗语作为例子：一朝遭蛇咬，十年怕井绳。其中行动者行动乃是对于井绳的惧怕，以及与之相关的躲避行动，这些行动的目的动机是行动者担心那是一条蛇并且担心被咬到，原因动机则是过去遭蛇咬的经验。

在有关生活史的访谈中，异常事件应当引起我们足够的重视。所谓异常事件，就是被访者在日常生活中经历的与常态不符的事件。被访者一般都会对此类事件记忆深刻，从而以故事的形式讲述出来。我们在访谈中的一个重要目的就是要去寻找故事。叙述学家们（Narratologist）认为，故事的讲述对个人在日常生活中的自我调适（adjustment）起了重要的作用。"生活史的讲述是一种常态的人类行动，可以帮助自我认同的维持、自我的呈现以及对核心文化以及个体因素（personal element）的传递或者转换，甚至是生命在终结时不朽的保证。"① 被访者讲述故事，并不只是在描述过去的经验，它们还是叙述者构建自身的重要方式之一。② 叙述组织了人类经验的结构，③ 叙述中的故事并非无意为之，通过叙述过去的故事，被访人可以达到一种"叙述

① J.S. Coleman, "Social Theory, Social Research, and a Theory of Action", *American Journal of Sociology*, 1986, *91*(6); S. Biggs, *Understanding Ageing: Images, Attitudes and Professional Practice*, Buckingham: Open University Press, 1993, pp.61–66; Dan P. McAdams, *The Stories We Live by: Personal Myths and the Making of the Self*, New York: William Morrow & Company, 1993; C. Phillipson, *Reconstructing Old Age: New Agendas in Social Theory and Practice*, London: Sage Publications, 1998, pp.23–28.

② Molly Andrews, Shelley Day Sclater, Corinne Squire and Amal Treacher (eds.), *Lines of Narrative: Psychosocial Perspectives*, London; New York: Routledge, 2000, p.78.

③ J. Bruner, "The Narrative Construction of Reality", *Critical Inquiry*, 1991, *18*(1).

性的自我认同"（narrative identity）。[1] 一般来说，普通人的经验只有在与"故事"交融在一起的时候才会获得意义。通过被访者生活史中的故事，我们可以发现日常生活中的反思、决断以及行动，而这些对于理解行动者的意义都是很关键的。[2] 通过被访者在访谈中拣选、讲述故事的角度，我们可以发现被访者想要赋予故事的意义，他曾经的、现在的以及想要成为的身份认同及其中隐含的意义。而我们又可以借此来刻画被访者在地方性文化社区中的身份和日常形象。

但是我们的目的还不止于此。在对个体行动者的意义的研究中，我们还希望能够将个体生活与更广阔的思考范畴关联起来，能够达到一种普遍化的知识。对在更为宽泛的范畴之上来讨论个人生活史意义的做法，向来存在着争议。如哈克姆所指出的，定性研究最大的一个优点是所获数据的有效性，但与之相应的一个主要缺点就是缺乏代表性。阿科瑟与奈特也认为，深度访谈的目的是获取意义，样本应当更少一些，而普遍化则并非研究者的主要目的。

---

① G.A.M. Widdershoven, "The Story of Life: Hermeneutic Perspectives on the Relationship between Narrative and Life History". p.20.

② Michael Rustin, "Reflections on the Biographical Turn in Social Science". In Prue Chamberlayne, Joanna Bornat and Tom Wengraf (eds.), *The Turn to Biographical Methods in Social Science: Comparative Issues and Examples*, p.49.

但是从微观的角度来讲,"正式的系统是在与非正式的文化与结构的互动中,以及通过个体的生活与策略体现出来的"。[1] 对个体的理解包括了"意义的归置、因果关联、类型化,而不仅仅是细节性的描述",[2] 而这正是人们期望生活史的社会学所能达到的目的之一。鲁斯汀指出:"作为一种知识领域的社会学的目标一直是要发展出关于社会及其构成结构与过程、发展的概化知识,对于个体的理解也一直服从于这一目标……生活史社会学的实质问题在于,既要能够保持本质上的社会学指涉框架,又要能够表明,社会结构与社会过程的原始知识可以来自对个人生活故事的研究。"[3] 在此关照下,已经有研究着眼于从社会-生活史的角度来展开,并认为对个体经验的研究,同样能够考察到更广范围的社会变迁历史进程。在 1990 年代后期,有相当多的研究开始关注个人与社会-政治运动的交织关系;[4] 并且开始寻找能够"打开生命总体的不同纬度"的研究工具,[5]

[1] Prue Chamberlayne, Joanna Bornat and Tom Wengraf (eds.), *The Turn to Biographical Methods in Social Science: Comparative Issues and Examples*, p.9.

[2] Michael Rustin, "Reflections on the Biographical Turn in Social Science". p.42.

[3] Michael Rustin, "Reflections on the Biographical Turn in Social Science". pp.43–45.

[4] T. Newton, "Power, Subjectivity and British Industrial and Organisational Sociology: The Relevance of the Work of Norbert Elias", *Sociology*, 1999, *33*(2).

[5] H. Gottfried, "Beyond Patriarchy? Theorising Gender and Class", *Sociology*, 1998, *32*(3).

重新将"生命力"(the vitality)与"日常生活的深层事实"("bedrock reality" of everyday lives)联系起来进行考察。[1]在这些试图将分析的宏观和微观层面联系起来的研究中，生活史是重点。"生活史同时基于社会史与个体个性之源泉，能将一定时期内的前后衔接起来，所以能够体现出社会变迁的过程及经验。"[2]在1990年代，生活史的社会研究者们更加注意将人们描述成历史塑成的行动者；"其生活史对于充分理解其情境中的历史性行动是必要的。这种情境包括背景、意义和后果，而无论它们是有意识的还是无意识的"。[3]**我们认为，以个人生活史为切入点的深度访谈隐含了这样的假设：宏观的社会变迁以及社会文化会以不同的方式投射到不同的个人身上，从而影响个人的生命历程。**由此，个人的生命历程就获得了一种共性。对个人生活史的访谈本身就显现出一种社会意义，我们可以由此去透视社会变迁对个体的影响，通过被访人的讲述去进一步发现这

---

[1] S. Crook, "Minotaurs and other Monsters: 'Everyday Life' in Recent Social Theory", *Sociology*, 1998, *32*(3).

[2] Janet Z. Giele and Glen H. Elder Jr. (eds.), *Methods of Life Course Research: Qualitative and Quantitative Approaches*, Thousand Oaks, CA: SAGE Publications, 1998; Daniel Bertaux and Paul Thompson (eds.), *Pathways to Social Class: A Qualitative Approach to Social Mobility*, Oxford: Clarendon Press, 1997.

[3] Prue Chamberlayne, Joanna Bornat and Tom Wengraf (eds.), *The Turn to Biographical Methods in Social Science: Comparative Issues and Examples*, p.8.

样的社会变迁最后在个人身上留下了什么。我们也可以通过个体的叙述来发现"地方性知识",从而达到对地方性文化的了解。如果在国家与社会的理论框架下对此做进一步的考察,我们就可以在微观层次上发现民众对国家力量渗透所做的回应。由此,以个人生活史为切入点的深度访谈就充分显示了其"口述史"特征,从而可以"小中见大",做出有社会意义的研究。

但是被访人的叙述自身并不是没有问题的。文格拉夫已经指出了"真实生活"(lived life)与"被讲述的故事"(told story)之间的区别。如文格拉夫所说,被访人的讲述与真实的生活之间是存在着距离的。如何利用与处理二者之间的相同点和差异部分,需要一系列具体的判断和分析。[①] 真实发生的事情可以为我们提供研究的资料,但是被访人的讲述更是理解其用意的途径。被访人讲述事实的角度、对事实的拣选、讲述的时间地点以及讲述的真假,都有其自身的用意所在。这些都需要研究者在访谈过程中以及在访谈之后进行详细的讨论。对于被访者语言及行动的

---

① Tom Wengraf, "Betrayals, trauma and self-redemption?—The meanings of 'the closing of the mines' in two ex-miners' narratives". In Molly Andrews, Shelley Day Sclater, Corinne Squire and Amal Treacher (eds.), *Lines of Narrative: Psychosocial Perspectives*, pp.117-127.

意义，正如谢夫（Thomas J. Scheff）所指出的，应该将其放入文本（text）以及文本情境（context）中来加以确定。在这样的情况下，应该以主观和客观相结合的方式来加以确定，应该弄清楚所有的意义关联；事先的假设要加以证实，最后对于意义的阐释要做到客观化。①

三、对访谈原则的讨论

半结构式的深度访谈并不意味着简单的聊天，"访谈中的改进需要在访谈前有更多的训练和心智上的准备"；同时，更为重要的是，还需要"在访谈之后花更多的时间进行分析与诠释"。② 另外，半结构式的深度访谈并不能机械套用任何事先设计好的模式。访谈能力的培养和提高，处理访谈问题的"直觉"的培养，都需要通过一定量的访谈练习才能够完成。③ 所以，在意义的角度上，我们能够提出来的有关访谈的方法，其实只是一些操作原则。

① Thomas J. Scheff, *Emotions, the Social Bond, and Human Reality: Part/Whole Analysis*, Cambridge: Cambridge university press, 1977.
② Tom Wengraf, *Qualitative Research Interviewing: Biographic Narrative and Semi-structured Methods*, p.5.
③ Hilary Arksey and Peter Knight, *Interviewing for Social Scientists*; Thomas J. Scheff, *Emotions, the Social Bond, and Human Reality: Part/Whole Analysis*, p.38.

1. 悬置的态度

所谓悬置，在胡塞尔那里，简单地说，就是中止自然态度下的判断，"我们使属于自然态度本质的总设定失去作用"，并由此，"我排除了一切与自然世界相关的科学"，[①] 尽管它们依然有效，但是在思考问题的时候不再使用与之相关的任何命题、概念，包括真理。只有经过悬置，才有可能去讨论作为"世界消除之剩余的绝对意识"。我们可以运用同样的方法，来对研究者自身的日常生活知识体系，以及社会科学的体系、知识乃至判断进行悬置，也就是暂时中止研究者原有的自然态度以及科学态度的判断。悬置的对象是我们自己（研究者）原来持有的"成见"，即我们（研究者）以前所有的理论预设，它首先包括我们（研究者）对于某些东西的习惯性信仰，其次还包括割裂个别与一般的传统理论框架。当我们进入访谈现场开始工作的时候，我们应该在抛掉前述"成见"的前提下，全神贯注地去感受访谈对象的各个侧面（包括外貌、衣着、神情、语言，也包括访谈进行中的环境。如前所述，所有这些都是被访谈对象赋予了一定意义的）。[②] 打一个通俗的比方，就

① 胡塞尔：《纯粹现象学通论》，第 97 页及以下。
② 对于研究者与被访人的互动过程中意义的理解的问题，孙飞宇在《论舒茨的"主体间性"理论》（上）中亦有深入的分析。

好像是用一张白纸去"印"访谈对象和场景，从而获得对访谈对象赋予访谈与访谈场景的意义的感知和认识。当然，这样的感知和认识是要经由沟通性的理解才能实现的。①

2. 对被访人的日常生活的了解

这里的日常生活，包括被访人的生活环境和生活情况。在访谈开始之前，研究者需要充分了解被研究地区的文化。而在访谈开始的时候，研究者首先要做的事情，就是悬置社会科学的态度，与被访问者一同参与到对话过程中去；研究者还要通过对日常生活的提问，掌握一些双方得以共同对话的基本知识，从而创造出一种真正的面对面的我群关系。这样一种关系，既为访谈营造了一种相互信任的融洽气氛，使被访人乐意接受访谈；同时也为我们（研究者）理解被访人赋予访谈内容和访谈场景的意义打下了基础；而对被访者日常生活结构的了解，也是我们（研究者）得以了解行动者目的动机的主要方式。

3. 被访人个人生活史：访谈最佳的切入点

个人生活史或个人生命过程，就其实际内容而言，基本上可以等同于舒茨的"生平情境"（biographical situation）

① 有关沟通性的理解同样请参见孙飞宇的《论舒茨的"主体间性"理论》（上）。

概念（虽然它通过个人生活中的一系列过程，如上学、工作、恋爱、结婚等显现出来）。舒茨认为，个体自童年时代开始，就通过自身的经验和父母、朋友、老师的言传身教获得认识、界定和适应环境，应付各种事件及生存所需要的各种诀窍等知识。这种知识由日常语言和方言的命名而类型化。对个体来说，这样关于日常生活世界的类型化知识，自童年时代始不断积累，把这个世界既作为现存对象来接受，也作为具有过去和未来的对象来接受。这样的类型化知识和他生活过程中获得的具体经验，共同积淀为经验储备；后者即是他此后理解社会现象、采取相应社会行动的基础。另外，由于个体是在特定的社会环境条件下，由特定的人群哺育起来的，他因而具有特定的欲望、兴趣、动机、性格、抱负以及宗教信仰和意识形态信仰。所以，由这些经验和知识构成的经验储备具有鲜明的个体特征，舒茨称之为个体的生平情境。在这里，"生平"系指个体经验储备形成的历史性，[①] 显然，包含了被访者成长于其中的家庭背景在内的被访者的个人生活史是体现了这种历史性的。而从我们的实践看，被访人在访谈当时所具有的

---

① 霍桂桓：《舒茨》，苏国勋编：《当代西方著名哲学家评传·第十卷：社会哲学》，第342页。

社会地位及他对自己的社会地位的认知，他的生活方式、行为方式与行为规范，乃至他的价值观念，无一不与他的个人生活史存在直接的联系。在访谈时，被访人的生平情境是必然会被其带入现场的。这样，被访人赋予访谈内容和访谈场景的意义就不能不受到他的个人生活史的直接影响（在某种程度上这甚至是决定性的影响）。所以，从他的个人生活史出发，我们自然能对他赋予访谈内容和访谈场景的意义给出一个合乎他的逻辑和情理的解释；与此同时，我们也可以由此获得对被访人在访谈内容中所主观建构的意义之逻辑（访谈内容之间的内在联系）的理解和解释。显然，把握了这样的意义的逻辑，也就抓住了被访人赋予访谈内容的意义的脉络。

由个人生活史切入去了解被访人的另一层意义在于，没有两个个人的生命过程是完全相同的。所以，对个人生活史的访问，在某种程度上意味着被访人在其生命过程中被形塑的人格和个性特征的显现，而被访人赋予其访谈内容的意义与他的人格和个性特征是密切相关的。因此，了解被访人的人格与个性特征无疑有助于我们理解被访人赋予访谈内容和场景的意义。

对被访人的访问，首先从个人生活史开始，将访谈引入一种自然状态，有利于被访人放松戒备开始一种"自然"的讲述。当被访人开始这样的讲述时，访谈也就不会是一般的一问一答，而是主动和连贯的。这种主动和连贯的叙述会清楚显现被访人的叙述意图，即他最想告诉我们（研究者）的是什么；而在叙述背后，决定这样的叙述意图和叙述方式的则是被访人的价值观念。这是一个训练有素的研究者在访谈当时就能清楚地感受到的。另一方面，在这样自然讲述的过程中，我们（研究者）可以发现和触及被访人的兴奋点（他们对自己的哪些事情最有兴趣），这会有利于我们（研究者）引导访谈的深入，帮助我们更深入地了解属于被访人自己和属于被访人家庭的重大事件，以及被访人对这些事件的看法，进而借由被访人对日常生活的态度去了解被访人对社会和人生的看法。与此同时，我们（研究者）也可以通过被访人生命过程中的"悖时"现象（在生命过程的某一阶段应该发生的事情实际上却没有发生，比如被访人在 24 岁应该结婚，但一直拖至 28 岁才结婚），去深入开掘被访人生命过程中发生的重大事件（即挖掘故事）；透过这样的事件，我们（研究者）可以看到被访人如何在一种具体的社会情境中去应对和处理他们面对的问题。在这样的事件中，被访人显然有着对周围环境的理性认知，其行动因此也有着明晰的主观意图，而这些背后又有着社会的投射和个人个性及家庭的影响；我们（研究者）需要理解和解释的意义因此亦会凸显出来。

4. 全方位的观察

如前所述，研究者在访谈现场的观察之所以有重要的意义，是因为被访人赋予访谈及访谈现场的意义（如果是在被访人家中进行这样的访谈，则还包括被访人的居家环境）之间存在着某种联系或一致性。因此，探究被访人赋予访谈现场的意义，有助于我们（研究者）理解（或验证）被访人赋予访谈的意义。我们在访谈实践中发现，被访人一般会有一个明确的自我定位。他们在访谈开始时，也会根据这样的定位来确定自己与研究者的关系，并在话语和行动中有所体现。因此，在现场的被访人的衣着、神情、行动和语态无一不具有被访人主观赋予的鲜活意义。除此之外，被访人的价值观和情感也会影响访谈现场，使我们（研究者）能识读被访人所赋予的意义。比如入户的访问中，我们就可以观察被访人的居住环境，它是凌乱的还是整洁的，其实这里就体现出被访人的人生态度或者他们把什么看成最重要的（如工作第一）。如果被访人是个老人且配偶已经去世，而居家的布置中又看不到有关他配偶的信息（比如照片），那么这背后隐含的可能是他与其配偶的感情淡漠或者是出了某种问题（这可以在访谈中加以验证）。被访人的居家环境中也许还会有些表面上看似乎不起眼的细节（微末的现象），但是背后却隐含着某种社会意义。[1]因此，在访谈现场的观察应该是全方位的，所获得的信息的意义也是与我们的访谈有着直接关联或一致性的。

5."意义"和"事实"：意义探究时"真"和"假"的辩证法

以搜集资料为目标的深度访谈会非常自然地将其目标锁定在获取"真"的资料上。这个"真"，按通常的理解即为"它是事实"。而要想通过访谈获取事实则必须经由被访人的口头叙述。如果通过记录整理将被访人的口头叙述变成书面文本，那么这种获取事实的方式就与历史叙述类似。而历史叙述的问题就在于，"虽说它是由经验所认定的事实或事件出发的，它却必然地需要有想象的步骤来把它们置之于一个完整一贯的故事之中。因此，虚构的成分就进入到一切历史的话语中"。进一步地，"因为历史学并没有客

---

[1] 比如我们在湖南农村做访谈时，在每个被访人家中看到的他们所供奉的祖先牌位，假如将此与改革开放之前农村的居家布置做一对比，我们就会发现这在一定程度上可以折射出农民价值观的微妙变化或倾向。

体，所以历史研究就不可能有客观性……从而历史学家便永远都是他本人在其中进行思想的那个世界的囚犯，并且他的思想和感受是被他进行操作所运用的语言的各种范畴所制约的"。①

这种情况同样存在于被访人在接受访谈时的叙述之中。他们所叙述的内容（包括研究者想了解的事实）是经过他们的主观建构的，所以，想象的步骤是不可能不存在的，叙述中具有虚构的成分也是确定无疑的。其次，正因为访谈内容是被访人主观建构的，所以被访人的价值观和他所处的社会情境必然会影响他对叙述内容和叙述方式的选择。也就是说，他对某一事实的叙述可能是虚假的，或者只有部分是真实的（不完整）。这需要我们（研究者）通过了解被访人在访谈时显现的关于访谈的意义脉络，来辨认和识别事实，或者通过访问了解这一事实的各类人来拼接事实或验证这个被访人关于事实的叙述是否真实，从而尽可能近似地达到关于某一件事的真相的认识。

但是，以意义探究为目标的深度访谈虽然也重视获取事实，然而由其目标所决定，这样的访谈绝不会止步于资

① 伊格尔斯：《二十世纪的历史学——从科学的客观性到后现代的挑战》，何兆武译，沈阳：辽宁教育出版社，2003年，第2—3、10页。

料搜集或事实获取。这时，"辨假"的另一层含义就变得十分重要。当我们作为研究者了解到被访人没有完整叙述一个事实或者被访人说了谎的时候，作为对真假的鉴别，任务已经结束了（因为事情已经搞清楚了），但是对于意义的探究来说，分辨出"假货"并不意味着事情的完结。因为被访人说谎这件事背后是隐含了他的动机的，也就是说，被访人赋予了说谎这个行动以主观意义。对某件事，被访人虽然没有说真话，但是通过搞清楚他为什么说谎，我们（研究者）仍然获得了对他赋予行动（说谎）的意义的认识，而这个认识显然是"真"的，也是和被访人对访谈的主观意图一致的。因此，在"假"的背后，我们这一对"真"的发现，就又回到了韦伯对行动意义的强调，即这里所指的"意义"，是行动者主观认为的即社会学上的意义。[①]这种意义无所谓对错，也没有事实层面的具有某种共同标准的"真"与"假"之分。换言之，只要是被访人赋予其话语和行动的那种意义，就是"真"。很明显，恰恰是这一点，才是我们做意义探究的本意。

6.三层次的文本分析：意义探究的具体路径

如果将被访人的口头叙述作为一个文本，那么这种意

---

① 贾春增主编：《外国社会学史》，第106页。

义的探究首先在于对文本的解读。对于文本解读，有三个方面是必须要做的。第一，对文本中语句字面意思的理解，也就是一般意义上的理解。比如说对于"队长"这个词，研究者与被访者都会具有相同的认识。第二，对文本中语句字面之外的意思的领会，即读出字里行间之外的意思。比如同样是"队长"这个词，在被访者那里绝不仅指农村组织机构中的一个职位，而是意味着若干其他的意义，比如某种便利条件的享受、被访人与他之间的关系等。第三，对被访人做此叙述的主观意图的领会，这需要在被访人叙述时对其叙述有一个总体的把握和理解（这可以通过了解被访人叙述时自然流露的自我定位、他的关注点和兴奋点来实现）。显然，这三个方面的解读需要一种在我群关系基础上的对被访人的理解。这种解读的完成就意味着意义探究的第一层工作的结束。第二层是从认识文本蕴含的意义的价值开始的（即被访人的叙述中哪些内容是十分精彩或者具有闪光点的），同时也可以对被访人做一个"类"意义上的认识（被访人的个性中有哪些特征具有"类"的意义或具有某种共性）。在这个时候，研究者的视野开始显现，因为精彩点的发现和"类"的特征的把握都是以某种普遍性为前提的，而研究者只有具备一种全局观和理论意识，才能对这种普遍性有相对准确的把握（其实，文本在此时已经被解析）。第三层分析是在前两层分析的基础上展开的，即以理论概括为特征，同时也试图基于理论概括去寻求与以前相似专题的研究的理论对话点。到了这一步，意义探究才可以说是被完成了的。

四、结语

基于上述讨论，我们可以对作为意义探究的深度访谈做出一个概括：深度访谈涉及的是一种研究者与被访者在面对面情况下的我群关系。在这种关系中，研究者需要悬置自己的知识体系与立场，通过交谈，进入到被访者的日常生活生活中；同时还需要随时保持反思性的观察，以便能够发现并追问问题与事件。访谈的结构需要依从日常生活本身的结构，需要从被访者的生活世界与生命史当中去寻求事件的**目的动机与原因动机、主观与客观方面的意义**。这样才能够对事件或者问题做出判断，进而对被访人做出"类"的概括并达到对访谈内容的普遍意义的认识。

但是以上对深度访谈的讨论只限于意义角度，并不能够代表对访谈的全部思考。在访谈中，尚需要考虑作为道德秩序的社会事实，以及作为权力关系的国家、社会、个人诸因素之间的互动。研究者与被访者之间不平等的权力关系，以及研究者本身在访谈中的角色问题，也都需要得到研究者自身的反思与关注。

探究对象之一：被访人的叙述

杨善华

　　凡是有田野工作经验的人都知道，田野调查或像社会学的质性研究所常用的那种类似田野调查的深度访谈，成功的关键点有两个：一是被准许进入调查现场，这包含两层意思。（1）能够进入田野调查点（村庄或社区）；（2）与被访人建立"协商进入"的关系，[①]这种"协商进入"最要紧的一点是与被访人建立一种相互信任的关系，使被访人在访谈时能够消除对访谈者的防卫心理，敞开心扉来叙说自己的故事或者回答访谈者的问题。二是获得事实的真相（尽管经过被访人在叙说时的建构，这样的真相也只能是一种意义的真实）。对于这两个关键点，笔者在与孙飞宇合作

---

① C. Marshall and G.B. Rossman, *Designning Qualitative Research* (third edition), Thousand Oaks CA: SAGE Publications, 1999, p.82.

的《作为意义探究的深度访谈》①及《感知和洞察：研究实践中的现象学社会学》②两篇文章中做了分析和阐述，但是对如何诠释被访人叙述的意义的讨论仍不够充分，而要讨论意义诠释，首先就要弄清这样的诠释在什么样的前提下才能实现。显然这也是实现质性研究目标的关键点。所以本文的主旨是在理论与实践层面对此做一个相对深入的探索。

一、关于"意义"

胡塞尔在《逻辑研究》第二卷第一部分的"引论"中开宗明义地说："逻辑学以语言阐释为开端，这从逻辑工艺论的立场来看往往是必然的。"③这是因为在胡塞尔看来，"逻辑的'根'是在语言的'含义'里"。④因此要做语言阐释，就不能不涉及意义的问题。在《作为意义探究的深度访谈》一文中我们做过这样的阐述："访谈资料既然来自被访人的叙述，那么这样的资料一定也是由被访人赋予了意

① 杨善华、孙飞宇：《作为意义探究的深度访谈》。
② 杨善华：《感知和洞察：研究实践中的现象学社会学》，《社会》2009 年第 1 期。
③ 胡塞尔：《逻辑研究》（第二卷第一部分），倪梁康译，上海：上海译文出版社，2006 年，第 3 页。
④ 张祥龙：《朝向事情本身——现象学导论七讲》，第 116 页。

义的（或者根据我们深度访谈的实践可以这么说：这是经由被访人主观建构的叙述），因此，一般说来，对访谈资料的理解和解释可以大体等同于对被访人赋予访谈资料的意义的理解和解释。我们要理解并给出解释的则应是被访人赋予访谈资料（话语）的意义。这其中包括被访者赋予这些资料的意义，以及这些资料和被访者的行为对研究者而言的意义。此外，我们还要关注访谈发生的场景，因为这样的场景同样是由被访人赋予了某种意义的，并且该意义与被访人赋予自己叙述的意义是存在着某种联系或一致性的。"同时，在该文的一个注释中，我们也指出："意义的探究是现象学和诠释学所讨论的基本问题之一。我们在这里回避了'意义的探究为何是可能的'这样一个根本性问题，因为对它的解答涉及'人的认识何以是可能的'这一哲学认识论的根本问题，此为本文之力所不逮。"① 但事实上，当我们要对被访人叙述的意义做出诠释的时候，这个问题不管怎样还是必须回应的，而要解决意义如何可能这一问题就必须弄清楚什么是意义。

胡塞尔在《逻辑研究》中认为："某些与表述相联结的

---

① 杨善华、孙飞宇：《作为意义探究的深度访谈》，见本书第65页，注释①。

心理体验，它们使表述成为关于某物的表述。这些心理体验大都被人称之为表述的意义或表述的含义，并且，人们认为，通过这种称呼可以切中这些术语通常所指的意思。但我们将会看到，这种观点是错误的。……在每一个名称上，我们都可以区分这个名称所'传诉'的东西（即那种心理体验）和这个名称所意指的东西，另一方面，我们还可以区分这个名称所意指的东西（意义、称谓表象的'内容'）和这个名称所称呼的东西（表象对象）。"[1]

　　张祥龙对此做了这样的解释："一个名称向你'传诉'某种东西，引起了你的某种心理体验，这与名称所'意指'的东西是不同的。名称唤起了心理体验，但不只是心理体验。一个名称，一个表述，它通过物理的方面唤起了心理的方面，这个心理的方面与意指的方面是不一样的。而'意指'的方面和所称呼的那个东西也不一样。心理的方面，心理的活动，通过意向性的构成，构成了一个意指的方面，而这个'意指'的东西就是语言的意义或含义（Bedeutung）。这个意指的东西又不同于通过这个名称、通过这个意指的东西去称呼的那个东西，用他的说法是'被

---

[1]　胡塞尔：《逻辑研究》（第二卷第一部分），第 40 页。

表象对象'。"① 因此，胡塞尔的意思是"意义，就是表象的内容，是名称所意指的东西"，而"意指"和心理体验的不同是它经由意向性构成而成立，而意向性构成一定是包含了"被表象的对象"的。这就是意义的内涵。

因为这样的内涵，张祥龙接着指出："在所有的体验里，有一个在不同的时间可以分享的基本的'含义''意义'，这是不变的，是我们大家可交流、共享的某个共同的东西。"② 我个人认为，这道出了意义的实质，即意义是确定的并有可供交流和共享的特征。因为有了这一点，舒茨在现象学社会学中作为基本概念来讨论的"主体间性"才有可能。

二、我群关系的建立

访谈不只是去拾取已经在被访人心里的信息，也要包括访谈过程本身所产生的意义，也就是访谈中叙述人的语言行为和调查者对于该语言的接受行为中必然会产生的赋意过程及其后果。这其中，哪怕是最"私有"、似乎"只有心理意义"的言论，因为含有表达所赋予的主体间含义，都

---

① 张祥龙：《朝向事情本身——现象学导论七讲》，第117—118页。
② 张祥龙：《朝向事情本身——现象学导论七讲》，第118页。

有可能隐藏着重要的东西。比如2007年初秋，我们在宁夏访问了一位曾多次接受我们访谈、现在被丈夫冷淡和疏离的中年妇女。她在谈话中倾诉了自己的苦恼，随后自然地说起自己和丈夫的婚姻关系，并提及她私生活中最隐秘的部分——与丈夫的性生活状况。通常在访谈时，这个问题会被我们和被访人共同回避（我们是担心提及这一点会因为触及隐私而激起其对访谈的抗拒，从而导致访谈的失败；而被访人则会因为这一问题太隐私而羞于启齿）。但是，由于几年来访谈中形成的对话情境，以及那天谈话语境的触动，这个不成文的禁忌被突破了。这就是"场景"或访谈过程本身所诱发的意义。当她谈及她与丈夫已经两年没有身体的亲密接触时，我们马上理解了她这种表达的意义：这是她婚姻触礁的一个最直接的证明，同样也是言语所含有的、表达被赋予的主体间含义的一个最直接的证明。当然，在感动之余，我们也深知没有前几年通过跟她的访谈形成的彼此信任，这种倾诉肯定是不可能的。

由以上阐述可知，访谈是在访谈员与被访人共同建构的互动中完成的，并且，我们访谈员（或社会科学研究者）的任务是理解被访人在访谈时的叙述和行动（它与被访人的叙述是一致的，也属于访谈资料的一部分）的意义并给出解释。为此，在整个访谈过程中和被访人建立如舒茨所言的"我群关系"是十分必要的，而"意义可以共享"这一特质也为这种我群关系的建立提供了可能性。

在研究实践中，访谈员和被访人可能有着完全不同的知识背景和文化背景（比如说访谈员是来自城市的研究生，被访人是没有文化的农村大妈），而我群关系就其面对面和直接经验这一特征来说，它很接近因血缘和地缘形成的初级关系。那么，如何让访谈员在最短的时间里深入被访人的"地方性文化"，从而建立这样的我群关系，然后达致对被访人叙述的理解并给出诠释？从实践来看，一个训练有素的研究者和一个刚开始学做访谈的社会学系本科生在这方面会有大相径庭的表现。但是有意识的专门训练和准备则可以迅速缩小二者的差距，并且帮助初学者在较短的时间里成为一个能开展工作的访谈员。从准备来看，大致有以下几个方面：

1. 背景资料的阅读和访谈准备

既然研究者在访谈前需要充分了解所研究地区的文化，那么地方志和社区历史的阅读（城市史、乡镇史、村史）是十分必要的。这不仅是因为被访人的生平情境深深浸润在社区的社会环境中，从而对他的价值观念和行为方式产生直接的影响，也因为"宏观的社会变迁会投射到个人身上，从而影响其微观生命历程"。比如由于1950—1951年间江南农村的土地改革，对于同一个村落中被划成富农和贫农的农民来说，其生命的轨迹就此分岔并且影响到了他们各自的后代，其心态和行为方式也有显著不同。

对于被追踪调查的村落和城市社区，新进入者还可以阅读之前的研究者撰写的田野日记以及已经整理出来的访谈资料。像我们追踪调查的村落，最长的已经有13年的历史，13年中，基本上每年去一次或两次，仅调查日记就留下了数十篇。好的田野日记虽然也是记调查者的所见所闻所感，但因为作者选择材料之时有社会学的眼光和视角，能将有社会学价值和意义的访谈内容和自己对调查点的观察写进日记，进一步地，还可以包容他自己对调查点情况考察的感悟。这样，新进入者通过阅读会有如临其境的感觉，这对他们迅速融进被访人所在社区的"地方性文化"会非常有用。

2. 社会生活常识的准备

访谈者要访问的是从属于不同群体的人，这些人从事着不同的职业，生活在不同的社区里，有着不同的生平情境，有男有女，有老有少。访谈员应该事先掌握一些与对方生活状态有关的基本知识，作为顺利开展访谈的基础。这些基本知识首先是社会生活的常识。比如访问农民就要知道农时，如果你对化肥、农药和农作物有足够的知识，那么这既会使被访人感受到你对他从事的职业的尊重，也会使访谈的气氛越来越融洽，使被访人更愿意叙述自己的生活和故事，从而使他们叙述的意义脉络更加清晰。这样的访谈对访谈员或者研究者而言也是学习的过程。因为每次访谈，被访人在讲到自己生活时，总要谈到很多常识性的知识，也会介绍一些"地方性知识"，比如当地的风俗，这样的知识积累显然对今后在这一地区访问同一类人时迅速与他们建立我群关系有非常实际的功效。

3. 与被访人"交朋友"

对于追踪调查而言，建立我群关系的最好方式无疑是与被访人交上朋友。上文曾提及我们在河北 P 县 X 村的调查持续了 13 年。村里有不少村民被我们访问了五次以上，他们的人生故事我们已经耳熟能详。其中有一些人我们已经很了解，他们也已经了解了我们，知道我们工作的意义，所以聊天时可以无话不谈。这种没有戒备的谈话无疑是访谈最理想的状态，因为我们可以真正了解被访人内心的想法及其所见证的事实。比如上述那位宁夏的中年妇女，在她敞开心扉向我们倾诉丈夫婚外情导致的婚姻危机给她带来的苦恼和影响时，我们自然也得以进入了她的内心世界。

总之，于访谈中建立我群关系的目的在于在"主体间性"的背景下获得对被访人（他者）叙述及其访谈时行动意义的理解并给出解释。"主体间性"的特质是相互沟通和相互理解，因此在访谈时研究者或访谈员在理解对方，对方反过来也在理解作为研究者或访谈员的我们。他们可以通过我们的提问或者我们对他们叙述的反应，来弄清他们赋予叙述的意义是否被我们理解或者为什么不能被理解，我们也可以通过被访人对我们提问和对话时的反应来验证我们是否正确理解了他们赋予叙述的意义。在这样的过程中，我们就和被访人一起建构了"我们共同的经验脉络"。[①]而这显然是以意义的特质为基础的。

三、索引性：意义脉络的显现和追溯

"索引性"是常人方法学的一个重要概念。加芬克尔将常人方法学看作"对日常生活中有组织、有技艺的实践

---

① 孙飞宇:《论舒茨的"主体间性"理论》（上）。

所产生的作为权宜性的、正在进行的成果的索引性表达和其他实践行动的研究"。[①] 莫汉（Hugh Mehan）等人概括了索引性表达的特征，认为它是指沟通结果及所有社会行动的一个特点，即都"依赖对意义的共同完成且未经申明（unstated）的假设和共享知识"。[②]

在共享知识这一点上，索引性或索引性表达与我群关系有相似之处，但索引性或索引性表达还有一个重要特点是"依赖对意义的共同完成且未经申明的假设"，这在日常生活中家人或熟人的谈话中常见。因为他们现在谈的某件事跟他们过去某段共同经历或共有的知识有关系，所以只要一提大家就能知道他在"说什么"。比如当一个人说"今天我去地安门买包子了"，那么知道和去过地安门天津狗不理包子铺的马上就会想到：他去"狗不理"买包子了，他有吃"狗不理"包子这样的爱好，或者他是因为他家有人想吃这种包子才去买。前者基本上可以确定是因为别的种类的包子在哪里都可以买到，未必非得上地安门；后者则

---

① H. Garfinkel, *Studies in Ethnomethodology*, Englewood Cliffs, NJ: Prentice-Hall, 1967. 转引自李猛：《常人方法学》，杨善华主编：《当代西方社会学理论》，第57页。

② 转引自李猛：《常人方法学》，杨善华主编：《当代西方社会学理论》，第57—58页。

是因为由此可以进一步做的推测。但这种推测是否正确，则需要在双方谈话进一步展开时才有可能得到验证。由此就带来"无尽的索引性"这一特点。按李猛的理解，这是因为一项表达（或行动）的意义必须诉诸（即索引）其他表达（或行动）的意义才可被理解，而这些被涉及的表达（或行动）本身也具有索引性。①

当我们（研究者或访谈员）与被访人开始面对面访谈的时候，由于被访人在访谈过程中通常会使用"自然语言"（即普通人的语言）与我们对话，在很多时候，他会在无意识中为很多话语赋予索引性表达的特点，即将很多语词和概念的意思看成不用再加说明我们就能理解的。如果我们能够理解和揭示被访人叙述中绝大多数的索引性表达，那么我们就不难发现被访人想要表达并在访谈中贯彻始终的主观意图。而找到这样一种主观意图，也等于把握了被访人话语中的"意义的脉络"。因此，对这种话语索引性的揭示是理解被访人叙述的意义的一个关键，但显然，它对研究者或访谈员的知识结构提出了非常高的要求。

"索引性"具有依赖"共享知识"或者"对意义的共同

① 李猛：《常人方法学》，杨善华主编：《当代西方社会学理论》，第58页。

完成且未经申明的假设"的特点，但不管怎样，我们总是需要通过已经表达的话语来寻求发现话语背后的共享知识和未经申明的假设，并经此完成对已经表达的话语的确切理解。由此引申开去，我们可以得到一个启发：我们可以在访谈中通过被访人已有的叙述，借助某些表达规则去追溯和发掘其未述说的潜台词，从而达致对被访人叙述的意义完整、准确和丰富的理解并做出解释。

构成这些规则前提条件的是对人性的分析。19 世纪英国著名的博物学家和进化论者赫胥黎（Thomas Huxley）在其名著《进化论与伦理学》中就已经说过："尽管传说中的古贤人能用一种冷静而理智的眼光，对舆论是多么地毫不在乎，我却还没有运气遇到任何一个实际存在的贤人，对待敌意的表示能完全泰然处之。"[1]这种人性中共有的东西在某种程度上为"理解何以可能"做了注释。进而，像林语堂笔下的中国人，讲究情面，怕丢面子，[2]因此在中国人的日常话语和行动中，趋利避害、趋吉避凶就成为一个不成文的规则并作为一种文化存在，影响到普通人的社会化过

---

[1] 赫胥黎：《进化论与伦理学》，《进化论与伦理学》翻译组译，北京：科学出版社，1971 年，第 20 页。

[2] 林语堂：《中国人》，郝志东、沈益洪译，上海：学林出版社，1994 年，第199 页。

程，成为个人生平情境的一部分，也成为表达规则的前提，并在参与访谈的时候带入访谈现场。

就规则而言，第一条是在访谈中尽量展示自己成功和光彩的一面，回避或者一笔带过自己失败和"没有面子"的一面。在多年的深度访谈实践中，我们课题组访过的被访人数以千计，但是从没有听到一个被访人是将自己人生的灰暗与失败作为叙述的重点，甚至将此从访谈开始讲到结束。即使在旁人看来，他们的人生很失败，他们也要从中讲出亮点来。2003 年笔者在北京宣武区曾访过一户人家，被访人是沙眼致盲，老伴刑满释放没有工作，靠她微薄的退休金生活，儿子一家三口和她一起生活，媳妇是外地嫁入的，没有工作，儿子也是盲人，吃低保。但即使这样她还自豪地告诉我们他们家从不欠债。当然，回避或一笔带过并不是说被访人没有失败，或者说没有丢面子的事情。2004 年夏天我们在浙江调查时曾访过一个 78 岁的老人，在将近三个小时的访谈中，他差不多有两个小时是在讲他哥哥的光荣历史（他哥哥是抗战期间参加革命的司局级干部），讲他哥哥几个孩子如何考上大学，如何成为成功人士，至于他的孩子（都没有上大学）都是轻描淡写一带而过。这个时候，他对何谓成功的看法就一目了然了。在

《作为意义探究的深度访谈》一文中我们曾专门谈到访谈中被访人兴奋点的展现。但是如果该有的兴奋点没有被展现，那就很可能是因为被访人在这方面有难言之隐。

第二条规则涉及委婉语和隐晦语在访谈中的使用。如前所述，被访人在访谈中通常是用自然语言来叙述，而在日常生活中委婉语和隐晦语在描述不吉利或倒霉之事时是大量被使用的。这是因为直接的言说会有损害当事人的面子进而得罪当事人的危险。陈原在《社会语言学》中把这称之为"语言禁忌"（塔布，taboo）。[①] 比如 1949 年前"军统"用"密裁"来指代"秘密处决"，这就是隐晦语的一种用法。除此之外，江湖上也有许多隐晦语（黑话），比如"老大"本是指帮会的头目，但现在它已经进入到普通人的语言中，用来指代"头头""领导人"和"决策者"。委婉语的一个明显例子是妇女的月经，它通常被称为"例假"，在北方则被一些女性称为"倒霉"。了解这些委婉语和隐晦语的指代意义自然有助于我们去发掘被访人的潜台词，当然这是层次较浅的。

由委婉语引申的是被访人的委婉表达。有时候被访人

---

① 陈原：《社会语言学》，上海：学林出版社，1983 年，第 336 页。

囿于"家丑不可外扬",不能直接向访谈员表达他对自己家中某人某事的看法或批评,但是他们又非常想表达,这时他们就会采取委婉表达来让研究者或访谈员体会和了解他的态度。我们1998年在上海郊区访谈时曾听一个年轻的妻子用非常平淡的语气介绍她和她丈夫的家务分工、家里收入分配,但没有提及她丈夫的贡献。这显然与常理不合,因为如果两人关系好,她一定会说到丈夫的作用,由此我们的结论是"没有表扬就是批评",这样的介绍同时也表明了她对丈夫的评价并不高。同样,2005年我们在山西农村调查时,一个青年妇女曾向我们谈到因为她婆婆不肯帮她妯娌带孩子而导致两人发生冲突,提及时曾加重语气重复两遍。联想到在访谈中她曾提到她婆婆没有帮她带孩子,让她内心很不满,可以认为虽然她未与婆婆直接发生冲突,但是她妯娌的行动一定让她觉得很解气。

四、小结

本文是在现象学与现象学社会学的背景下对被访人叙述的意义的诠释在何种条件下方为可能的一个探索,因而也从一个侧面回答了"意义探究何以是可能的"这样一个问题，因此它可以看作《作为意义探究的深度访谈》《感知与洞察：研究实践中的现象学社会学》的姐妹篇。

"意义"是现象学的一个核心问题，而对处于主体间性中的行动者之叙述和行动的意义的理解和诠释则是现象学社会学的核心问题。对这个问题的解决既需要理论层面的努力，也需要实践层面的努力。本文可以看作在这两个方面所做的一个尝试。

就访谈本身而言，本文试图在操作层面回答"达致对被访人叙述的意义的理解和诠释必须具备的前提条件是什么"这样一个问题，并希望经此能将深度访谈之质量再提高一步。

探究对象之二：被访人的生活细节

杨善华

一、社会学视野中田野调查之"细节"及其价值

"细节"是我们日常生活中常用的一个词，有约定俗成的意义。字面上，它指的是细小的环节或情节。《辞海》给了"细节"更为丰富的解释。（1）琐细的事情，无关紧要的行为。《后汉书·班超传》："为人有志，不修细节。"（2）文学艺术作品中细腻地描绘人物性格、事件发展、社会环境和自然景物的最小的组成单位。[①] 不过，《辞海》忽略了细节的一个重要特点，即当我们说"细节决定成败"时，细节就是一种能影响全局的、细微的、易被忽略的物件或行为。

[①]《辞海》编辑委员会编：《辞海》（缩印本），上海：上海辞书出版社，1979年，第1160页。

本节小标题提到的"社会学视野中田野调查之'细节'",指的是在社会学田野调查中看到的、听到的甚至是感受到的关于被访人的生活细节。显然，这不是单纯的细小的环节或情节，因为若按马克斯·韦伯所言，我们所访问的被访人就是一个社会行动者，他在接受访问时的叙述和行动乃至他所处的生活环境，都是被他赋予了一种主观意义的。因此这样的细节绝非无关紧要，而是需要我们去细究的。根据我们的调查经验，被访人的生活细节的范围比较接近于《辞海》对"细节"的第二种解释，即"细腻地描绘人物性格、事件发展、社会环境和自然景物的最小的组成单位"，但也不全是。我们所言的"生活细节"，从访谈现场来看，它可以包括能反映被访人性格、经历和目前所处社会地位的被访人的外貌、被访人的衣着打扮、被访人在访谈中谈到某件事时的神情、被访人在访谈中一个有目的的行动、被访人讲的某句有重要含义的话语、被访人生命过程中的一个事件、我们在访谈现场看到的某个被访人赋予了社会学意义的物件、被访人与访谈时在场的其他人的一次神情交流、访谈场景的一个画面式的片段等。其实每一个人的生命，我们也可以认为是在时间流逝的过程中由无数单位行动构成的，我们也可以把这样的单位行动看作"生活细节"（比如大年三十和家人一起吃年夜饭）。

为什么要去关注被访人的生活细节？这就要说到我们访谈的目的了。深度访谈其实就是做两件事："看人"与"听话"。"看人"就是观察被访人，如上面所说，外貌、衣着、神情、行动都在观察之列。但除了这些，被访人所处的生活环境也是观察的对象。如上所述，因为被访人作为社会行动者，其所生活于其中的环境（包括住所与院子等户外空间）也会被其赋予一种主观意义，而从现今讲的"三观"出发，被访人赋予其行动的意义应该有着一致性，即他们的行动和话语是由内在的意义之逻辑联系在一起的。"听话"当然就是听被访人的叙述和他们对我们所提问题的回答。但是这里的"听话"是"理解"或"解读"的意思，被访人的话语在这一过程中需经由三个层次的解读：第一，对其字面意思的理解；第二，对其话语中隐含的言外之意的理解；第三，对其做这样的叙述的主观意图的领会，这需要在访谈中了解被访人赋予自己整个叙述的主观意图（或者我们也可称之为被访人"贯穿访谈话语始终的意义脉络"）。显然，如上面笔者对生活细节所做出的解释，"看人"和"听话"所要关注的，恰恰是作为被访人接受访谈整个过程的最小组成单位的细节，这是我们理解和认识被访人整个访谈之社会学意义的抓手。

二、意义的辨析：洞察生活细节背后的社会学意义的开始

笔者在带学生做田野调查时一直跟学生强调，田野调查中的一项基本功就是训练对文本的敏感。这里的文本，首先指的是被访人的叙述，因为被访人的叙述记录下来就是一个书面文本；当然也包括与被访人、与被访的田野调查点相关的书面材料。而敏感所针对的，自然是文本自身所包含的意义。在被访人话语解读之中，尤其需要关注与之相关的精彩闪光点与"类"的特征，因为它们就是文本和行动的社会学意义之所在。

举一个例子。2006 年 12 月，我们团队在北京市西城区阜内大街访问过一位退伍军人。这位老大爷大约在 1950 年代后期至 1960 年代在空军地空导弹部队服役。他住的是四合院的两间平房，面积不大。我们一进他家门，就看到对着房门的墙上挂着一张又窄又长的、显然是用转机（大照相机）照的照片。我凑近一看，照片上的题词是"伟大领袖毛主席接见击落美制蒋机有功人员"。笔者是经历过那个年代的，也知道这件事，知道立下这一功劳的是空军地空

导弹二营。这次接见是上了《人民日报》头版头条的，是被立功指战员视为头等荣耀的事情。老大爷把这张照片挂在这样一个位置，而且历经这么多年始终没有改变，这已经充分说明了他认为这是自己人生中最光彩的一笔，而且他相信没有人能够对此提出反对。所以笔者当时第一个问题就是："大爷，您是导弹二营的？"这个时候大爷的两眼就放射出光彩，带着惊喜的口吻承认："是。"因为他觉得终于来了一个了解他人生中这段光辉历史的知音了，我们的访谈因此也变得非常顺利。老大爷家墙上挂着这样一张具有浓重时代特色和政治意义的照片，这个细节显然直接体现出社会学的意义。因为"挂照片"这一做法按韦伯对"社会行动"的定义显然是社会行动，大爷的行动是"以他主观所认为的意义而与他人的行为相关，即以过去的、现在的或将来所期待的他人的行为为取向"（大爷等着别人的夸奖和赞同）。[1]

所以，由被访人的生活细节体现的社会学意义，通常以在一定范围内得到社会的认可并具有一定的价值之普遍性为特点。

---

[1] 贾春增主编：《外国社会学史》，第 106—107 页。

但是，当我们在农村社区做田野调查时，笔者发现，被访人的生活细节之社会学意义多与乡土伦理有关。这就是所谓"小传统"的问题。美国人类学家罗伯特·雷德菲尔德（Robert Redfield）曾提出，一些社会文化中存在大、小传统两个层次，其中大传统指具有普遍性的、正式的、制度化的文化，而小传统是一种区域性的乡土或民俗文化。在这样的意义上，"小传统"与乡土伦理便有了直接的关系。

笔者认为，一个相对封闭及文化相对落后的"社区"通常也可以被理解为一个地域性的"社会"，它有一定的地理范围，也有着自己的地区亚文化。不过，这样的地区亚文化虽有独特之处，但是在总体上它仍然体现出中国社会文化的特征（在识字的人中受奉行的是儒家文化，并且这样的儒家文化仍为当地社区文化至少是表面上的主流）。1981年12月，笔者随费孝通教授四访江村时，曾询问过当地村民婚礼是怎么办的，他们说有"帖式书"作为样子。原来村里有一个学究式的老先生，他手里有一本小册子，上面记载着婚礼的整个步骤。谁家结婚，都到他这里来借，照此办理。笔者记得当年我们曾经把这本小册子借来看过，基本上就是儒家办婚礼的格式，比如缔结婚姻的"六礼"（纳采、问名、纳吉、纳征、请期、亲迎），他们强调的是其中的纳征、请期和亲迎。江村婚俗将纳征和请期合并，过彩礼的那天他们叫作"大盘"，这天必须记住，因为第二年的这一天就是亲迎之日。当然，亲迎之日的礼节，有些是他们独有的。笔者在江村调查时适逢某家村民大婚，曾作为参与观察者随新郎去新娘家迎亲。因为是"村内婚"，两家相距不远，笔者随新郎进了新娘家门，新郎恭恭敬敬拿出一沓人民币（1981 年底时还没有发行 50 元与 100 元这样的大额货币，这沓人民币都是 10 元一张的）——我看像有二三百元的样子——交到了他老丈人手里。老丈人接过钱就一张一张地点，我就在边上看着。老丈人被我看得有点不好意思了，就解释说："这是规矩，这是规矩。"这两句话一下子就点明了新郎在接新娘时给老丈人送钱的意义。这是当地婚俗的不成文的规范（我们当时问这笔钱的名目，边上的村民告诉我们这叫"奶水钱"，是新郎感谢老丈人与老丈母娘养育新娘之恩情）。根据笔者的调查，其他地方的农村未必有这一婚俗，但这在江村一带流行应该是事实。而且，因为"这是规矩"，如果不照办，首先就要受到舆论的数落，弄不好，当事人在村落社区被边缘化也有可能。所以，正是担心丢面子、被边缘化才使这一风俗流传至今。这也是新郎交钱、丈人数钱这一"奶水钱"交接细节的社会学意义之所在。

由上文的分析我们可以看到，规范（包括非正式的）的有效和传承其实在于人性对肯定与赞同的期待以及对制裁的畏惧。这样的心理可谓凡人皆有之。所以，辨析被访人生活细节之社会学意义最常用的办法就是将源于人性的人情世故作为标尺。因为人情世故具有最广泛的普遍性，是保证一个社会实现正常运作之秩序的最基本前提。

那么，何为人情世故？最简单地说，人情世故就是孔子讲的"己欲立而立人，己欲达而达人；己所不欲，勿施于人"，也就是韦伯所讲的"移情"和我们通常所说的"换位思考"。按笔者的理解，换位思考其实是一种他人意识，是遇事首先站在他人角度，设身处地地考虑如果我在此位置上会怎样想、怎样做，从而获得对他人行动的意义的一种"同感的解释"。[1] 当然，这样的换位思考也包括了对当事人所处环境的考量，这也是"设身处地"的本意。不过，换位思考的难点在于换位。在未能对对方的生活环境有足够了解之前，我们经常会犯以自己的想法去替代当事人的想法的错误，即没有按照当事人根据自己所处的情境赋予

---

[1] 罗沛霖、杨善华、程为敏主编：《当代中国农村的社会生活》，北京：中国社会科学出版社，2005年，第8页。

行动的意义来理解当事人的行动。

　　笔者以前在给学生上课时，常用我们团队 2007 年 1 月在四川宜宾市农村调查的例子来讲自己在这方面的经验教训。当时我们访问了一个 59 岁的村民老黄。说起他们家的养老问题，老黄说他岳父还在，85 岁了，因为他岳父没有儿子，只有两个女儿，所以他的赡养由两个女儿（女婿）来解决。形式是"吃转饭"（两个女儿轮流负责老人的吃饭问题），而且是一个月轮一次。他老婆的姐妹住在山下，他住在山上，所以每当需轮换之时，他就得跟他连襟不是把他岳父从山下抬上来，就是从山上抬下去。因为去老黄家我们就是爬山爬上去的，我觉得空手就很累，更不用说还要抬个人了。所以我就问同去的我的朋友、四川省社会科学院社会学所的李东山老师，为什么他们就不能三个月或者半年轮一次？李老师就笑话我，他说这你就不懂了，如果这老人家是 60 岁，那么他们肯定是半年轮一次，如果是 70 岁，那么就一定是三个月轮一次，到了 80 岁以上，一定是一个月轮一次。他这么一讲，我恍然大悟，原来这就是农民为了尽可能实现养老过程中的公平，避免任何一方因为老人在赡养过程中死亡而吃亏所采取的办法！而我的问题恰恰是用自己的观念和想法代替了他们的想法。

但是在一个存在社会分层的社会里，要想了解与自己所处的社会地位和过往经历都有明显差异的"他者"其实有着相当大的难度。周飞舟教授在《将心比心：论中国社会学的田野调查》一文中认为，费孝通教授提出的"将心比心"，就是实现"换位"的原则和方法。周飞舟指出："这个方法的要害在于，研究者在田野中要保持一种基本的心态，这种心态不是一种冷冰冰的理性，借用钱穆的用语，可以叫作'温情与敬意'。所谓温情，是要对田野中所遇到的人和事，无论亲近与否，保持一种同情的理解；所谓敬意，是要对田野中所遇到的人和事，无论认同与否，保持一种尊重的态度。以尊重的态度进行同情的理解，就是'将心比心'的'比'字的含义。如果遇到的现象与自己主观的常识、逻辑和理论不符合，与自己主观的价值、情感和传统不契洽，那么就需要在更高的层次上调整自己的常识、逻辑和理论，在更深的层次上反思自己的价值、情感和传统，以自己开放、包容、变化和成长的心态去触摸、感通研究对象的心态，这是一种更高层次上的'从实求知'。所谓'行有不得，反求诸己'正是'将心比心'的要旨。"① 笔

---

① 周飞舟：《将心比心：论中国社会学的田野调查》，《中国社会科学》2021 年第 12 期。

者对这段话的理解是，当你在田野调查中试图去了解被访人的时候，一定不要刚愎自用，持"概念先行"或"价值先行"的态度，一定要悬置我们（研究者）既有的观念预设。在进入田野调查现场时，我们应该尊重被访人，平等地与他交流，全方位地感受被访人在各个角度的意义呈现。这样才能获得对被访人所处情境的认知，从而实现"换位"，从整体上获得对被访人内心想法以及他所赋予自己行动和话语的主观意义的真切了解。这样也就达致了对人情世故的体认，自然也就能实现对意义的辨析。

2003年12月，我们曾在北京原宣武区福州馆社区访问过一个退休女工。笔者问她："您退休了？"她回答："我是共产党员。"我问她："您现在就在家里？"她说："我每天都看报学习。"这两个问答看似答非所问，却把一个城市老年妇女的自我定位清楚揭示出来。她想告诉我的是：她不是"普通"工人，她至少是工人中的先进分子。她的政治觉悟很高，因为她爱读书看报。通过多年这样的田野调查，我已经体会到凡是处于社会相对底层位置的被访人，都会想方设法拉高自己的社会地位，以期得到我们这样的访问者更多的尊重。当然这也是她和周边人比较的结果，因为她希望通过这样的比较建立自己相对于别人的心理优势，从而在心理上获得一种平衡。对被访人的话语分析到这一步，人情世故就出来了，因为这已经不是个人的行为，而是"一类人"行为中的一个案例。这就是她的话语的社会学意义。

三、"见微而知著"：洞察被访人生活细节的社会学意义之价值

笔者在《作为意义探究的深度访谈》一文中强调，对被访人叙述的理解开始于对文本蕴含的意义的价值的认识。要做的就是发现被访人叙述中的精彩之处和闪光点。同时也可以对被访人做一个"类"意义上的认识。并且，在这个时候，研究者的社会学视野开始显现，因为精彩点的发现和"类"的特征的把握都是以某种普遍性为前提的，而研究者只有具备一种社会学的全局观和理论意识才能对这种普遍性有相对准确的把握。这一段阐述，包含两层意思。一是发现对方叙述闪光点的前提在于我们与被访人有着共享的价值（大家对行动和事物的"好"与"坏"的判断有共同标准），这样我们将被访人话语和行动的闪光点提出来才会得到对方的首肯（此时才能算是真正理解了对方话语

的意思），让对方有找到知音之感，从而实现与对方的持续交流。二是将被访人的叙述、行动和所处场景联系起来考察（这就是社会学的全局观），看到因为内在意义逻辑的串联，这样的叙述、行动和场景事实上是整体性，也是普遍性的。

现象学社会学家舒茨在批评韦伯对"社会行动"这一概念的解释存在不少模糊不清之处之后，提出了"主体间性"，认为应将此作为解释人际交流和沟通的理论基础。孙飞宇认为："主体间性在舒茨那里主要是指沟通，即了解他人。这里的沟通包括两个类型，一个是日常生活中的沟通，一个是社会科学中的沟通。这是两个需要加以严格区分的领域：'非常有必要区分两种领域研究：居于生活世界中的一般人所经验到的主体间性领域以及生活世界如何可能，一个人如何能够理解他者，社会是否是客观真实的等等这类问题。'日常生活中的沟通是社会学的研究领域，而社会科学中的沟通主要是指方法论。沟通的方向包括日常生活中的我群情境，同世界之他群情境以及前辈、后人情境——这也是舒茨的生活世界得以建构的线索。"[①]尽管舒茨

---

① 孙飞宇：《论舒茨的"主体间性"理论》（上）。

指出，在沟通中我们所把握的意义都介于纯粹的客观意义和绝对的主观意义之间，但是笔者认为，借助普通人在平时习得的舒茨所言的"手头的知识库"，我们与被访人实现沟通和交流应该是可能的。

至于上文所说的如何发现被访人言语和行动之间的整体性，笔者可以我们团队2000年1月在四川宜宾农村的一个访谈对象为例。被访人姓成，时年42岁，已婚，有个儿子14岁，读初二。问题就从这儿子14岁开始——当时笔者就说："你结婚够晚的。"然后他指指在旁边站着听的他妻子说："她不是我的第一个，在她之前我还有一个女朋友，是高中同学。"说完他用手比了比，说情书写了这么一大摞。然后他就开始跟我们讲他初恋的故事，全然不避他的妻子。但是有意思的是，他妻子在他讲的时候一直在旁听，大概故事快讲完了才离开。他讲自己初恋情史不避妻子这一点，在人情世故方面就很有说头。晚上我们开讨论会的时候笔者就分析，假如他对他妻子很尊重，就不会当着他妻子的面去讲和别人的情史，至少也要找个借口让他妻子走开，或者把声音放低，不让他妻子听见。但他旁若无人，说明他没把妻子放在自己眼里。可见，在他们的夫妻关系中，他是居主导地位的（这一点在访谈中也得到证实，他是村民小组组长，是村里的能人，为了赚钱，他试着干过至少六七样工作），甚至可以由他那么带感情地回忆与第一个女朋友交往的这段历史，再对照他妻子还在边上不知趣地旁听，可以想见他内心对这桩婚姻的不满和对失去第一个女友的惆怅。这样，我们就把握住了他与妻子关系的基本脉络，对他目前的家庭生活应该也可以窥一斑而知全豹。因为我们是在屋檐下的走廊上做的访谈，所以临走时笔者特意让一个同学走到他家门口往里看了一下，屋内收拾得非常干净整洁。笔者即由此得到一个判断，这个老成是个极其要强的人（因为这个院子里住着好几家）。这几方面的信息串在一起，老成这个人就立起来了。

见微而知著还有一个含义是"小中见大"，由生活细节达致对宏观社会制度、社会结构以及社会变迁的认识，借用以前我们常用的一句话，叫"透过现象看本质"。

"小中见大"的第一层意思是从个人生命过程看社会变迁。2002 年 5 月，我们团队在北京西城什刹海访问老魏时对此就深有感触。老魏 1947 年生，兄弟姐妹九人，他排行老七。祖上是给皇宫里做轿帘的，所以他们家大小也是皇商。虽然不是旗人，但是生活方式是与旗人差不多的。老魏自己说，就是"海玩"，"黄鹰戏狗嘛"，"养黄鹰，戏狗，骑着马，围猎，提笼架鸟，溜达到茶馆、酒馆、澡堂子"。老魏说他父亲什么都不干，就是玩。家里有200多间房，靠吃房租、吃股份过日子，他小时候家里有四个仆人。解放后家里定成分是资本家，"文革"时也被抄过家。老魏上过中专，先是在北京市运输公司上班，现在下岗五年。不过他爱玩鸽子，"已经玩了十几年"，家里陈列着好多鸽子比赛获得的奖杯。一个女儿在北京一所职业技术学院上大二。他说家里现在生计就是靠接待什刹海地区的"胡同游"。问他为什么不申请低保，他说："够吃够喝就得了，干嘛呀！找那事儿去！填表麻烦。"现在他也就是和胡同里的鸽友串串门（他家院子中央最好的位置是老魏建的鸽棚）。在这样的对自己生活史的叙述中，由晚清到中华人民共和国这近百年变革给这户人家的犹如作家二月河所说的"落霞"式的深刻影响已经跃然纸上。

"小中见大"的第二层意思是从基层民众的角色行为来看此背后国家与社会的关系以及民众对这种关系的看法。2001年8月，我们团队在湖南宁乡农村调查，听说在三年困难时期，这里收了稻谷，放到晒场上晾晒的时候，有些村民会让自己的孩子穿着大人的元宝雨鞋到稻谷堆上去踩。到家后，其母亲就会脱下孩子脚上的雨鞋，将雨鞋中的稻谷倒出来，这些稻谷就可以做一顿饭。听到这件事后，笔者既佩服于村民的生存智慧，但也由此产生一个疑问：小孩这样的做法，大队干部可能不知道，但生产队长会看不见吗？既然他看见了，为什么不加以制止？联想到之前在河北农村调查时，听说那里的村干部在困难时期也有私藏粮食以解决村里粮荒的问题这种做法，笔者觉得两者有类似之处。也就是说，村干部虽然集国家代理人、社区守望者和家庭利益代表这三种角色于一身，但在这样一种性命攸关的时候，他会将自己的角色行为更多地向社区守望和家庭代表这两者倾斜。因此，他会在社区利益和国家利益不一致的时候想方设法去营造自己的"自由政治空间"[①]来应对这两者可能会有的张力，为社区和家庭争取更多的好处。由此我们也可以看到，村落社会与国家之间的关系其实是会因为国家政策的调整和改变而发生变动的。

"小中见大"的第三层意思可谓是经由被访人的生活细节来追溯日常生活中的"恒常"。[②]2003 年，我的学生姚映

① 指村干部可以按照自己个人或社区的利益来安排村庄的实际事务和做自己想做的事情的自由度。参见杨善华：《家族政治与农村基层政治精英的选拔、角色定位和精英更替——一个分析框架》，《社会学研究》2000 年第 3 期。
② "恒常"是指国家力量进入民间社会时，因国家力量不可及，民间社会的某些层面出现的相对稳定不变的状态，但是这样的状态会因为它与民间（转下页）

然在硕士学位论文《受苦人：骥村妇女对土地改革的一种情感体验》中运用口述史资料，讲了1947年陕北土改时的一位妇女主任对土改的回忆。里面提到，土改时村里有个民兵连长，他强娶了村里某地主的女儿，而他比那个女的要大十三四岁，于是被村民认为是"赖东西，儿货（不讲理，没信用），脾气可坏了"。"老刘是民兵连长，从公共领域看，他是值得信任的；但从私人领域看，他没有得到村民承认。村民评价他时运用的是乡土社会的道德标准（而且直至1997年北京大学师生访问她们时仍是如此）。"① 由此我们认为，无论是地方性道德还是地方性知识，② 中国乡土社会在20世纪的急剧变迁中，显然保存了一种稳定的乡土性共识。而这个共识在一定时空条件下还是非常稳定的，其核心观念并未随着社会与文化的变迁而改变。这也就是笔者所言的"恒常"。

（接上页）文化相联系而表现出很强的"非正式性"，并散落在民间社会日常生活的各处。参见杨善华：《关注家庭日常生活中的"恒常"——一个家庭制度变迁的视角》，《中华女子学院学报》2021年第2期。

① 姚映然：《受苦人：骥村妇女对土地改革的一种情感体验》，北京大学硕士学位论文，2003年。

② 克利福德·吉尔兹：《地方性知识——阐释人类学论文集》，王海龙、张家瑄译，北京：中央编译出版社，2000年。此处"克利福德·吉尔兹"即上文的"克利福德·格尔兹"，所引文献译名不同。

四、小结

由上面的分析，笔者认为可以再做一点延伸，即由田野调查中对生活细节的感知进入社会学的"实质性研究"。"实质性研究"是肖瑛老师的提法。他在《从形式到实质：社会学研究的"更进一步"》一文中将"实质性研究"界定为"能直抵人之情感和价值根源、能揭示现象背后深刻的结构性力量的学术研究"。由此他提出了"实质性研究"的三个互相关联的标准。第一是推进"文化自觉"："世界图像"的抵达与接通；第二是激活同情共感：读者与研究对象沟通的桥梁；第三是见微知著：从特殊到普遍，从个体到整体。在此基础上，他称该文尝试"将实质性研究确立为社会学研究的真问题和真目标"。①

对于这一目标，笔者是由衷地赞同。做社会学研究，如果不能如韦伯所言，达致因果性解释的层次，那么这样的研究终究还是肤浅的，因为这种因果解释，一定是以某种程度的普遍性为前提的。如此看来，定性研究要达到因果解释的层次也肯定有难度，但是如上文所言，我们辨析生

---

① 肖瑛：《从形式到实质：社会学研究的"更进一步"》，《中国社会科学评价》2022 年第 1 期。

活细节的社会学意义的标尺是人情世故，这是具有最广泛的普遍性的观念和规范，而经此辨析出的生活细节的社会学意义，自然也是有普遍性的，这就是像田野调查这样的定性研究之价值所在。当然，这样的普遍性，笔者认为至少可以有两个层次：一是某种范围的普遍性，这个类似在一定地域范围内通行的、受到"社区情理"制约的风俗（某种不成文的规范）；二是上文所说，见微而知著，追溯到日常生活中的"恒常"。研究到了这一步，也就实现了肖瑛老师所言的"能直抵人之情感和价值根源、能揭示现象背后深刻的结构性力量"这样的研究目的。

探究对象之三：田野访谈场景

杨善华

一、对访谈场景的再认识

一般来说，从事田野访谈的学人在开展工作时，会将被访人的陈述及其神情、外貌乃至穿着作为自己的重点考察对象，却很有可能会忽略访谈发生的场景。比如说访谈是发生在被访人的家里还是发生在一个公共场所（如村委会），访谈时除了访谈员与被访人之外是否还有其他人参与，这些参与者与被访人是什么关系；若访谈发生在被访人家中，那么访谈员观察到的被访人之居家环境属于什么样的情况——整洁还是凌乱，富裕还是贫困，等等。因此，"场景"在这里首先是一个"空间"或者说"地域"的概念，但它又不是空洞的、与人无关的空间，而是由人的社会行动营造出来的一种社会空间，它也一样被作为社会行动者的当事人赋予了一种主观意义。而且，从访谈实践看，在访谈员进入访谈现场之后，只要他开始了与被访人的交流，也会在某种程度上参与场景意义的赋予。因此，从意义探究的维度出发，在田野调查时我们必须同样把调查发生的场景列为考察对象。

田野调查是以深度访谈为主要实施手段的，在访谈中，访谈员需以被访人的话语及访谈场景为主要关注对象。不过，我们团队在田野实践中体会到，如果只是将被访人的衣着、神情和行动列入场景的范围，显然还是比较狭隘的，因为只要我们回到访谈本身，就可以看到，访谈是被访人和访谈员的互动过程，双方虽然都有自己的意图（访谈意图和叙述意图——向被访者问什么，向访谈员讲什么），但是问答循着一条什么样的路径发展或深入，这必须要看互动当时双方对对方话语的理解以及在此基础上做出的即时反应。毫无疑问，这种反应以双方对对方意图与话语的**认知**为前提。也就是说，访谈是经由两个平等的主体的**持续互动**（也可以是多个主体，若是有多个访谈员的话）而实现的，并且在访谈员将被访人作为考察对象的时候，被访人其实也在琢磨访谈员，试图了解访谈员的来历与真实目的。就此而言，这两个主体具有同等的重要性。舒茨所言的"主体间性"因此就得到了充分的体现。所以，置身于访谈发生环境中的两个（或多个）主体，也成为访谈场景的组成部分（而且是核心部分），据此，我们可以把访谈场景分为静态与动态两部分，前者是访谈发生的情境，后者是使访谈得以发生的主体及其互动。[①] 显然，这动态的部分对场景亦具有重要的意义——它使场景变得生动与鲜活。

二、"主体间性"：田野调查发生的场景之特点

既然我们把使访谈得以发生的主体及其互动看成访谈场景的动态部分，那么这一部分场景的特点又在哪里？由于访谈时两个主体之间的互动带有意义交流和沟通的特点，故此它就有了鲜明的"主体间性"。舒茨把主体间性视为人的日常生活世界的性质之一："我们的日常生活世界从一开始就是一个文化上的主体间性的世界。之所以是主体间性的，是因为我们居住其中，如同我们居住于他人之中，受制于他人，经由共同的影响与工作而了解他人，同时成为

---

① 加芬克尔的"常人方法学"也认为，在任何特定的场景中，场景本身就是行动的一部分（李猛：《常人方法学》，杨善华主编：《当代西方社会学理论》，第57页），反过来说，主体的行动亦构成了场景。

他人了解的对象。它是一个文化的世界，因为这个世界从一开始对我们来说就是一个意义的宇宙，比如，是一个我们必须加以诠释的意义结构，以及我们必须通过生活世界内的行动方能设定意义相互关系的结构；它是一个文化的世界，因为我们永远会意识到它的历史性，它是我们在传统与习惯中所面对的世界，且因为这个世界指涉自己的活动或他人的活动，所以是可以被检验的沉淀物。我生于此生活世界且以自然的态度居住于其中，是实际的'此时此地'的历史情境内的世界中心；我是'构成世界的零点'，换言之，这个世界首先通过我并对我具有重要性与意义。"[1]如果我们从田野调查这个角度来理解舒茨的"主体间性"，那么可以认为他所谓的主体间性并非一种静态的情况——只是不同主体的"共在"，而是指不同主体都有跟对方交流的意愿，且这样的意愿也已经变成至少是双方的意义交流的行动。但是这种意义交流的前提是对另一方的了解，这就是舒茨所言的"沟通"。显然，这样的主体间性正是以沟通为表征的田野场景的特点。

　　对于具备了"主体间性"的田野调查场景来说，显然

① Alfred Schutz, *Collected Papers I: The Problem of Social Reality*, p.133.

舒茨讲到的这两种沟通都是需要的。当然，核心的问题是"一个人如何能够理解他者"。舒茨认为，第一步就是要在沟通双方共存的生活世界中去建立一种我群关系。这种我群关系，按舒茨的说法，是指日常生活中的行动者，在自然态度下，最切近的、最熟悉的行动首先是与他人的面对面的联系。面对面的情景指的是行动者直接面对面的互动，它的本质是同时性与同空间性。在面对面情景中，互动双方的他人取向同时为对方。这就是直接经验的社会关系，也就是面对面的关系，即我群关系。在我群关系中，我们处于同一情境中，彼此可以接触，双方的意识流通过语言、动作，以及与周围环境的符号纠缠在一起，我们"共同成长"，经验到彼此的客观意义与主观意义，并不断进行印证与纠正。也就是说，我会通过你的反馈来对我的意识经验进行"注意修改"。我们生活在共同的主观意义脉络中，彼此可以直接经验。[①] 如果将舒茨对我群关系的解释聚焦到田野调查中，那么我们会看到，由访谈员与被访人共同实施与完成的访谈基本具备了我群关系的特征。

但是在绝大多数情况下，被访人与访谈员之间的我群

---

① 孙飞宇：《论舒茨的"主体间性"理论》（上）。

关系并不具备乡土社会中经由血缘与地缘产生的守望相助那样的特征，用舒茨的话来说，他们的"生平情境"是存在差异的。这种差异包括日常生活中的我群情境的不同（家庭背景的差异），同世界之我群与他群情境的不同及前辈、后人情境的不同（如代沟）。而这种差异，会对"一个人如何能够理解他者"这一核心问题产生直接影响，从而使沟通产生障碍。按舒茨的解释，这是因为双方对于另一方而言，都是分属于不同群体的陌生人，当进入访谈场景时，对于各方所属的群体来说，另一方就是"没有过去的人"，由于他"以往没有在这个群体生活，所以他的生活历史处于这个群体的过去之外，这一群体文化模式中的核心部分并未成为其生平情境的有机组成部分"，因此他"很难对它的文化模式保持一种'想当然'的自然态度"。① 所以就会在访谈中因为找不到"共同感兴趣的话题"，或者发生各说各话的情况而产生访谈冷场或中断的局面。

所以，要解决这样的问题，就要"防止以自身对于世界和事件的意义性观点来取代被访者的观点"，这样就必须深入到被访人的日常生活中去，从他们的话语中"了解

① 李猛：《舒茨和他的现象学社会学》，杨善华主编：《当代西方社会学理论》，第23—34页。

人们在情境中的问题领域"。^①从而达到掌握"被访者的概念系统",以被访者"用来界说发生在他们身上的那些事的习惯语句来表达"^②这样的目标,然后才能将所得到的信息转译为社会研究的语言并对此信息的意义给出解释。这样做,也就是坚持了韦伯的立场:我们要理解的是行动者"赋予其行动的主观意义"。也是舒茨所言的"不再把自身及自己的兴趣条件当作世界的中心,而是以另一个零点取而代之"。^③

因此,从"主体间性"这个维度看作为田野场景主体部分的访谈,那么我们就可以得出这样的结论:访谈的实质就是**意义的认知与沟通**。

三、"索引性":达致意义的认知与沟通的重要前提

在上文中我们已经指出,被访人与访谈员的生平情境是存在差异的,而这种差异,会对"一个人如何能够理解他者"这一核心问题产生直接影响,从而使沟通产生障碍。

---

① 杨善华、孙飞宇:《作为意义探究的深度访谈》,见本书第 66 页。
② 克利福德·格尔茨:《文化的解释》,第 19 页。
③ Alfred Schutz, *Collected Papers Ⅰ: The Problem of Social Reality*, p.158.

加芬克尔的"常人方法学"关注了日常生活中作为人与人之间互动的前提的"理解"与"沟通",提出了"索引性"与"索引性表达"的概念,并将此作为沟通的前提条件。其最核心的特征在于"依赖对意义的共同完成且未经申明的假设和共享知识"。[①] 也就是说,对话各方以往的生活经历以及所掌握的知识存在某种交集,这种交集使他们对彼此话语中的言外之意有种心领神会的感受,可以做到"不言自明"。比如,你在坐火车旅行的途中因为寂寞与坐在对面素未谋面的旅客搭话,发现他是上海人,与你是"老乡"。这个时候的"老乡"二字,背后的含义就太丰富了。它意味着两人都在上海生活过,都接受了上海的饮食习惯与生活习惯,都知道上海人日常生活的特点,都去过上海的一些名胜古迹(比如老城隍庙),都能用上海话进行交流,并且马上就体现在下一步的谈话中——使用上海话而不是普通话对谈。一段共同的经历形成了共享的知识,因而也理所当然地产生了共同感兴趣的话题。这就是"索引性"的意义所在。

索引性在田野调查中的意义是通过将心比心、换位思

---

① 转引自李猛:《常人方法学》,杨善华主编:《当代西方社会学理论》,第57—58页。

考了解对方的过去，通过找到共同点拉近与被访人的距离，使程式化的问答变成聊天式的沟通，从而营造一个让访谈能够融洽进行的场景。2006 年 8 月，我们在绍兴市农村调查，笔者想访问一个警察，了解他们如何在外来人口大量增加的背景下做好社会治安管理，保证当地社会秩序的安定。笔者的想法得到镇党委余副书记的大力支持，她马上打电话和派出所联系，找一个跟她比较熟的一个姓沈的警官，结果那个警察觉得没有必要跟我们谈，就回了一句"我很忙"。笔者听到了就跟余副书记说，我们就是想帮着总结一点搞好治安管理的经验，时间不会很长的。这样他才答应过来。笔者跟他见面后的第一句话就是："现在当警察很不容易，据我所知，在现有的职业中，警察的平均寿命相对来说是比较短的。"然后我又补了一句："我们知识分子也差不多。"这句话一说，他就知道我对他们警察日常工作的特点有比较深的了解，因而他的态度马上就变和蔼了。共同点找到，后边的访谈就变得很顺利，原来预计一个小时的访谈持续了一小时四十分钟。沈警官临走时还表示欢迎我们再来。

进一步说，当我们带着学生去访谈成年人的时候，由于以往经历的不同（甚至是没有经历），如何做到双方具有

"共享知识"或者对意义有相同的理解和解释？根据笔者的经验，这个时候，研读相关文献的重要性就会凸显。这个相关文献首先应该包含对被访人以及他生活的村落和社区的介绍，如果这是我们以前做过田野调查的村落，那么还应该将作为学生作业的田野日记、关于这个田野点的研究论文与相关报道包括在内。另外，根据我们在实践中的体会，常识与相关知识也是非常重要的一个方面。有一件事情笔者印象挺深，就是 2002 年 5 月因为做"城市家庭代际关系研究"的课题，笔者带着 1999 级本科的学生在北京西城区后海那边做访谈。那次是几个 1999 级本科生访问了一个姓包的老人（当时的访谈分了好几组，我带的是另外一个组），这个包先生是北京大学物理系 1958 级本科生，所以看见这些年轻的校友还是蛮高兴的。但是一到回忆以往的经历，包先生就发现没法聊了。一开始，包先生提到当年做过物理系系主任，后来当过北京大学副校长的沈克琦教授，学生都表示不知道。然后包先生讲到他的房子，当年曾经租给溥仪的一个贵人（在皇帝的妃嫔里比嫔还低一等）住，甚至溥仪有几个侄子也来租住过，其中一个还是溥仪亲口封的太子（溥仪没有儿子），这些事情对同学来讲，太陌生了。后来他又讲到北大的历次政治运动当中的人物，学生一概不知。这就让包先生兴味索然。因为是自己的后辈校友，包先生对他们就不客气了，说了一句："回去查查《毛选》去。"结束访谈，学生出来在胡同里遇到笔者，非常感慨地对笔者说："杨老师，你要是在就好了，这些问题肯定难不倒你。"吸取了这次访谈的经验教训，笔者就坚持把常识与历史知识也作为必修课加到对学生的访谈培训内容中——虽然做起来很不容易。

四、"社会自我"及与各类人群有效沟通的可能性与必要性

在上文中我们指出的被访人与访谈员的生平情境存在差异这一现象，实质上是各类不同社会群体（阶层）生平情境差异的反映。这种差异会影响到不同群体之间的有效沟通，产生我们通常所言的"鸡同鸭讲"的情况。显然，这种现象会导致同一社会中不同群体之间的隔裂，从而危及社会的整合。美国社会心理学家乔治·赫伯特·米德（George Herbert Mead）与其他一些美国学者，在19世纪末20世纪初看到了美国在都市化过程中内生的道德实践危机、教育危机，因而"引入情境的概念来探讨个体与社会环境之间的关系，主张以个体有意识地调整自己来适应情

境"。① "米德认为，在一个功能复杂分化的分工社会中，个体必须更具体地采取其他人的态度和群体的态度，才能应对不同义务、不同价值和不同利益之间的相互碰撞。"② 米德这段话的意思是说，在这样一个社会中，当个体与他人之间接触与沟通时，他的换位思考必须看对象是哪个群体的人，然后以自己对这个群体的了解来找到该群体的"他人态度"。2002年，笔者与几个学生曾在北京后海访问过一个姓姜的老太太。进她家里后笔者发现老太太举止端庄，说话也很得体。于是笔者就问了她一个问题："大妈，您在不在旗？"然后她立即自豪地说："我是镶黄旗的。"笔者马上表示肃然起敬，说："噢，您是上三旗的。"这段对话的前提是：第一，笔者知道满族称呼自己都说的是"在旗"；第二，笔者知道满八旗有上三旗与下五旗之分，相对而言，上三旗更为尊贵。所以，与姜老太太这段问答，表明了笔者对满族如何看自己与看别人非常了解，因此姜老太太对与笔者这段沟通很满意，下一步的访谈也就顺畅了。

这个例子也可以解释米德这段话："个体通过真实情境

① 肖永虹：《一种进化的自我观：乔治·赫伯特·米德的社会重建思想研究》，北京大学博士学位论文，2024年。
② 肖永虹：《一种进化的自我观：乔治·赫伯特·米德的社会重建思想研究》。

的互动认识到自己行为对他人行为造成的影响，习得符号的指示价值，从而同情地理解他人的态度和反应，控制自己在情境中的行动。"①总体来说，米德的这些主张，我们既可以理解为在一个急剧分化且内部阶层日益固化的社会中，针对置身于不同群体之中的人们如何实现沟通并进而促进社会整合；也可以理解为针对置身于访谈之中的访谈员与被访人如何实现沟通。

沟通行动理论的奠基人尤尔根·哈贝马斯（Jürgen Habermas）认为，这样的社会沟通之所以能够进行，是因为有着具体的前提。他指出人类之所以能够沟通，"主要是每一个人都拥有，而且在一定程度上是共同拥有，一组庞大而'并不明确的'背景资料和知识作为人类沟通的指引"。哈贝马斯追随现象学的传统，将这样的背景资料命名为"生活世界"。具体来说，"生活世界是促使'文化复制'的场所和重要条件"。"生活世界可以被视为文化资料的储存库，是生活在一起的社群所共享和共有的，其主要作用是促使人类相互间的沟通。"②显然，哈贝马斯这些主张对

---

① 转引自肖永虹：《一种进化的自我观：乔治·赫伯特·米德的社会重建思想研究》。

② 转引自阮新邦、尹德成：《哈贝马斯的"沟通行动理论"》，杨善华主编：《当代西方社会学理论》，第183页。

"沟通何以可能"这一问题给出了理论上的回答与解释。

米德的贡献则在以"社会自我"这一概念,回应了"沟通如何发生与持续"这一问题。米德认为,"自我是一种社会实体",是"一种必须与整个身体联系起来的社会实体","只有自我与身体联系起来了,它才能与环境联系起来"。[①]对此我们可以这样认为,米德在这里谈到的作为社会实体的自我,是一个能依靠自身的**所有**感官来感知周边环境,然后由大脑对经此获得的信息加以分析综合并做出认知的自我,离开了周边的社会环境,离开了身体的感知和大脑的认知,就谈不上这样的自我。因此,在米德看来,"社会个体的自我本质上是一种社会存在,[②]必须把它当作整个社会系统和社会过程的组成部分来考虑;个体自我只有通过社会及其中不断进行的互动过程才能产生和存在,因此,它的实际突现与存在不仅与其直接的社会小环境相关,而且与间接的社会大环境相关。另一方面,个体自我作为一种社会实体,其本身是个体的身体、心灵、行为以及环境的有

---

① 乔治·赫伯特·米德:《个体与社会自我》,第148页,转引自霍桂桓:《米德》,苏国勋编:《当代西方著名哲学家评传·第十卷:社会哲学》,第298页。
② 米德"作为一种社会存在的社会自我"这样的看法也为我们将在访谈中作为主体存在的被访人与访谈员看作访谈场景的一部分提供了佐证。

机统一体；而且随着个体意识的不断发展，其自我便组织得
日益完善，而其行为对微观、中观，乃至宏观社会环境的
影响也就日益增加"。[①]笔者认为，米德这段话最值得关注
的是他将作为个体的社会自我看作身体、心灵、行为以及
环境的有机统一体，这意味着任何一个作为个体的社会自
我都会意识到离开了社会环境（按米德见解，这里的社会
环境既包括微观，也包括中观与宏观），自己就无法生存。

在此基础上，米德又将这样的自我区分为"主我"与
"客我"两个部分（米德强调了在这种区分中其实主我与客
我是不可分离的）。他认为，"主我"是有机体对他人态度
的反应，"客我"是有机体自己采取的有组织的一组他人态
度，他人的态度构成了有组织的"客我"，然后有机体作为
一个"主我"对之做出反应。[②]我们也可以把米德这样的说
法看成他对社会自我与他人的互动机制的理解。不过，米
德对"主我"与"客我"所下的定义更为重要的意义是他
以此解释了"社会自我"与他人交流与互动的动力——因

---

① 此为霍桂桓对米德在《心灵、自我与社会》一书中关于个体自我的"社会性"
论述之概括（霍桂桓：《米德》，苏国勋编：《当代西方著名哲学家评传·第十
卷：社会哲学》，第 298 页）。参见乔治·H. 米德：《心灵、自我与社会》，赵月
瑟译，上海：上海译文出版社，1992 年，第 199—222 页。
② 乔治·H. 米德：《心灵、自我与社会》，第 155 页。

为这样的自我有对组织化的他人态度的认识，所以他会非常清楚，一个不能通过与他人的有效沟通融进自己所在群体的人，是不可能得到群体其他成员认可，从而取得该群体的成员资格的，这会促使他不断与社会上其他人（首先是本群体的人）互动。

米德的过人之处在于，他不认为"客我"那组有组织的他人态度是固定不变的，他以动态的视角来看待"主我"与"客我"的关系。依米德的观点，"当个体认识到自己要履行的义务以及周围世界的法则时，他的自我也并非处于完全确定的状态，因为自我的另一部分始终是在行动中实现的。他的自我不是完全被业已形成的法则的世界所决定的"。[1] 而且，"一个真正能够摆脱惯例的束缚的个体，必须要在失去了既定共同体的支持和肯定之时，能够采取一个更广阔的共同体的视角，从中找到支撑自己的立场和行动的可能性，个体必须要进一步发展一种'普遍化的他者'的态度，扩展自己所处的社会关系和社会态度，实现'主我'与'客我'新的统一。他要参与更广阔的对话，理解那些原先没有进入他的内心之中的他者的声音，群体的态

---

[1] 肖永虹：《一种进化的自我观：乔治·赫伯特·米德的社会重建思想研究》。

度，并且重新组织这些态度"；"这就要求个体必须具有足够强大的同情与理解的能力"。[①]

针对米德的这一说法，我们可以用改革开放后农民进城务工这样的例子来理解和解释。一个从未离开家乡农村的农民工可以说对城市人、城市生活乃至城市生活的规则基本处于无知的状态，所以他们进城打工时，行李是放在尼龙编织袋里边的，男人身上穿的是六七十年代大众穿的军便服式上衣，说话声音特别大。但是进了城之后他们发现城里人完全不是这个样子，而且他们的言行举止让城里人觉得很异常，于是，为了找到工作，为了更好地生存，他们中的许多人开始改变自己，改变自己的穿着，改变自己说话的声调和方言口音，学说普通话。这在进城打工的青年女性身上尤为明显，差不多经过一年之后，她们就会烫发，穿上相对时髦的皮鞋，拿腔拿调地讲普通话。这就是他们想要"参与更广阔的对话，理解那些原先没有进入他的内心之中的他者的声音，群体的态度，并且重新组织这些态度"的表现。一言以蔽之，他们就是要融进这个原来对他们来说完全陌生的"城里人"群体。当然，我们也

---

① 转引自肖永虹：《一种进化的自我观：乔治·赫伯特·米德的社会重建思想研究》。

会发现，在这样的压力之下，他们也会有足够强大的同情与理解能力来学习如何融进这个跟自己以前的生活世界完全不同的群体。据此，我们可以认为，米德包含了"主我"与"客我"的"社会自我"概念，是一个"开放的自我"。

总之，我们可以看到，哈贝马斯的"沟通行动理论"、米德的"社会自我"理论与常人方法学的"索引性"概念为田野调查中的访谈得以实现和持续提供了理论解释。这种解释之所以可以成立，是因为如我们在上文已经指出的，访谈的实质是意义的认知与沟通。从"主体间性"来看访谈，那么它是以两个主体（被访人与访谈员）的持续互动，并且，这种持续互动以不断的意义建构为表征。而我们之所以把这种"主体间性"主导下的访谈视为田野场景的一部分，是因为作为田野场景主体的行动者（包括被访人与访谈员）为田野场景赋予了一种主观意义，而且这个被赋意的田野场景也包括了访谈员与被访人的互动过程。从"索引性"和"沟通行动理论"角度看访谈，我们就会看到，访谈这样的意义建构式沟通以某些作为社会人约定俗成、应知应会的"共享知识"乃至共同经历为前提。在哈贝马斯看来，这样的共享知识指的是"每一个人都拥有，而且在一定程度上是共同拥有"的，"一组庞大而'并不明确的'背景资料和知识"，这样的背景资料和知识是可以"作为人类沟通的指引"的。而米德的"社会自我"则强调了生活在社会中的个体具有对周边社会环境的认知能力和调适能力。"个体通过真实情境的互动认识到自己行为对他人行为造成的影响，习得符号的指示价值，从而同情地理解他人的态度和反应，控制自己在情境中的行动"，这就使访谈的实现得以可能。

米德将自我区分为"主我"与"客我"，强调"这样的自我有对组织化的他人态度的认识"，因而这样的自我"会非常清楚，一个不能通过与他人的有效沟通融进自己所在群体的人，是不可能得到群体其他成员认可，从而取得该群体的成员资格的，这会促使他不断与社会上其他人（首先是本群体的人）互动"。米德这样的见解事实上也解释了访谈员与被访人将访谈持续下去的动力之来源。

但是，米德的"社会自我"更有价值之处，在于他将这样的自我看成开放的自我，提出客我之一组有组织的他人态度并不是固定不变的。"一个真正能够摆脱惯例的束缚的个体"，"必须要进一步发展一种'普遍化的他者'的态度，扩展自己所处的社会关系和社会态度，实现'主我'与'客我'新的统一"。"他要参与更广阔的对话，理解那些原先没有进入他的内心之中的他者的声音，群体的态度，并且重新组织这些态度"；"这就要求个体必须具有足够强大的同情与理解的能力"。前边已经说到，舒茨认为，普通人的生平情境是存在差异的。这种差异包括日常生活中的我群情境的不同（家庭背景的差异），同世界之我群与他群情境的不同及前辈、后人情境的不同（如代沟）。而这种生平情境的差异正是进行访谈的主体之特点。所以，米德对"社会自我"的认识以及对客我不是固定不变的把握，为通过访谈实现不同社会群体之间的沟通的必要性和可能性提供了理论依据。而且，因为在主体间性主导下的访谈提供了实现这样的有效沟通之机会，故也可以由此增进不同社会群体的相互了解。显然，这有助于消弭不同社会群体之间的隔裂，从而在一定程度上促进社会整合，这就是这样的访谈场景的社会意义之所在。

五、结论与讨论

由上文的分析我们可以延伸出以下几点：

第一，本文的写作意图是从田野场景这一维度切入，对访谈为何能够实现和持续做出理论解释，给访谈的可行性找到理论上的依据。虽然文中运用了米德、加芬克尔与哈贝马斯的理论见解和概念来对此进行讨论，但是因为使用了现象学与现象学社会学的"主体间性"这一概念，探讨的核心问题是意义的认知与沟通，而这点也是米德、加芬克尔与哈贝马斯的理论关注的一个重点，并且我们在探寻他们理论的渊源时，也可以看到他们所受到的现象学和现象学社会学的影响，所以，本文的主题仍在现象学社会学的问题域之内。

第二，在本文的分析中，我们将田野访谈场景区分为动态部分与静态部分，而本文着重讨论的是场景的动态部分，但这并不意味着场景的静态部分——访谈发生的情境就不重要。因为访谈情境是被访人生活世界的一部分，以现象学社会学的眼光来看生活世界，那么我们也可以认为它是一个意义的世界，因为这样的静态情境，也被被访人赋予了主观意义，在某种程度上，它也可以作为被访人话语真实性的一个佐证。访谈过程中观察的作用也在于此。所以，田野访谈场景是一体的，都需要进入访谈员探究的范围。

第三，本文的一个重要发现，在于指出在"开放的自我"的背景下，访谈时主体间沟通的发生和持续对于增进不同社会群体之间的相互了解的作用。从社会学的专业角度来看，这样的不同社会群体就是不同的社会阶层，或者用一句俗话，就是不同的"圈子"。一般情况下，本圈子的人会存在对其他圈子人的排斥，所以不同圈子的人互不通气和来往是很正常的。而访谈的不同主体是属于不同圈子的人，这几乎是铁定的事实，但是访谈本身又要求他们必须进行沟通，还要让这种沟通持续下去，这个时候，"开放的自我"就提供了让访谈持续下去的动力，"客我"也对自身提出必须"进一步发展一种'普遍化的他者'的态度"的要求，去"理解那些原先没有进入他的内心之中的他者的声音，群体的态度，并且重新组织这些态度"。而这样做势必会弱化不同社会群体（圈子）之间的区隔，从而达致哈贝马斯的沟通行动理论愿意看到的结果——促进社会整合（至少从访谈角度看是这样）。这就是"主体间性"主导下的田野访谈场景的社会意义。

第四，意义探究何以可能是现象学和诠释学所讨论的基本问题之一，其实，回看舒茨和米德关于"生活世界"和"社会自我"的理论见解时，我们会发现，他们也回避了这一问题，只是把意义可以探究作为自己理论的出发点。所以，在这一方面今后我们还需要做更多的探索。

第二章

观察与反思

农民眼中疾病的分类及其"仪式性治疗"

杨善华、梁晨

一、问题的提出

在医学社会学看来，健康与疾病不仅仅是一对医学概念，它们所描述的也不仅仅是人体器官的一种功能性与器质性状态，还应该包括人们所处的社会环境、人们的社会行为取向及其方式对他们自身身体状况的影响。[①] 医学社会学把疾病分为两种：疾病（disease）和患病（illness）。疾病是一种负面的躯体状态，是存在于个体的生理学功能异常；患病是一种主观状态，个体在心理上感觉自己有病，并因此修正自己的行为。[②] 现代医学关注的是在病理学、病

[①] 王召平、李汉林：《行为取向、行为方式与疾病——一项医学社会学的调查》，《社会学研究》2002年第4期。

[②] 威廉·科克汉姆：《医学社会学》，杨辉、张拓红等译，北京：华夏出版社，2000年。

因学解释下的疾病，而农民关注的则是内涵更加丰富、侧重于社会学解释的患病。[①]

患病作为一个农民认知层面的观念，历来受到他们所置身的社区环境经济和文化发展水平的制约。在农民心目中，什么样的病是大病，什么样的病是小病，也随着经济发展和文化变迁而变化。当我们去考察农民对疾病的分类时，会发现他们对患病的判断和态度实际上和现代医学对疾病以及病因病理的看法是有差异的，在有些地方，这样的差异还很大。农民观念中的患病与疾病的分类自然会影响到他们对治疗方式的选择：有了病治不治？怎样治？归根结底，农民的医疗实践也是受到农村社区经济与文化发展水平制约的。在这个意义上，考察他们的实践与考察他们的观念具有同等的重要性。

二、文献回顾及研究方法

帕森斯（Talcott Parsons）曾提出"病人角色"（sick role）的概念。这个概念包括以下四个方面：（1）病人被免

---

① 高永平：《现代性的另一面：从躯体化到心理化——克雷曼的医学人类学研究》，《国外社会科学》2005 年第 3 期。

除了"正常"的社会角色；（2）病人对自己的疾病状态没有责任；（3）病人应该具有尝试祛病的愿望；（4）病人应该寻求技术上适当的帮助、与医生合作。[①] 尽管这已经成为医学社会学的基础性概念，但是在提出后的几十年间却遭到了诸多质疑，这些质疑涉及行为的变异性、疾病模式的变迁、医患关系以及病人角色的中产阶层取向等。[②] 但是，如前所述，在"病人角色"方面我们还需要关注病人所处的社会经济地位与社会文化背景，因为这些对当事人是否接受、在多大程度上接受病人角色有着重大的影响，并直接影响着病人、家属和社区对疾病的分类。显然，这对我们考察国家与社会在疾病和医疗这一领域的互动有着重要的意义。

治疗疾病不仅仅是医院的问题，越来越多的补充与替代医学（Complementary and Alternative Medicine，简称CAM）[③] 发展趋势迅猛。近年来，美国的替代医学从业者数量有很大增长。经常利用某种形式的替代医学或"新时

---

① Talcott Parsons, *The Social System*, Glencoe, IL: Free Press, 1951, pp.428-479.

② 威廉·科克汉姆：《医学社会学》，第124、151—156页。

③ 近年来西方国家已开始将主流医学（conventional medicine，即西医）之外的其他医学称之为补充和替代医学。美国国家补充和替代医学中心（NCCAM）则进而把替代医学定义为目前尚未被考虑为主流医学的构成部分的医学实践。

代"医学的人们大多数属于中产阶级或劳动阶层，人们寻求各种 CAM 的共同原因是传统医学（对西方来讲，传统医学即现代医学）没有满足他们的需求。[1] 对于 CAM 存在与发展的原因，科克汉姆（William Cockerham）归纳为宗教信仰、经济因素、现代医学无法治疗、就医便利性等。[2] 特纳（Bryan Turner）也归纳出类似的原因。[3] 施耐罗夫（Matthew Schneirov）借用哈贝马斯的理论，指出 CAM 具有整体性、淡化技术和权力的特征，正好符合现代社会中人们想逃离常规的文化符码和制度化安排的倾向。[4]

中国的情况就更加复杂，中国的现代医学是西方的舶来品，因此中国现代医学所面对的问题一方面源自西方医学自身宇宙观的变迁，另一方面也源自中西医的冲突。[5] 在西方医学进入之前，中医曾是中国的主流医学。而在今天，中医虽然在政治上仍然有合法性，但显然不是主流医学。

---

[1] 威廉·科克汉姆：《医学社会学》，第 124、151—156 页。

[2] 威廉·科克汉姆：《医学社会学》，第 124、151—156 页。

[3] Bryan Turner, *The New Medical Sociology: Social Forms of Health and Illness*, New York; London: W.W. Norton & Company, 2004.

[4] Matthew Schneirov and Jonathan David Geczik, "A Diagnosis for Our Times: Alternative Health's Submerged Networks and the Transformation of Identities", *The Social Quarterly*, 1996, *37*(4).

[5] 杨念群：《再造"病人"——中西医冲突下的空间政治（1832—1985）》，北京：中国人民大学出版社，2006 年。

除此之外，传统中国社会中也存在主流医学（即中医）之外的 CAM，即巫医。始自民国而在中华人民共和国成立之后达到顶峰的一系列医学国家化措施和国家政权对民间的渗透，曾使依托民间宗教的巫医一度无法生存，[①] 但在改革开放后，从前被取缔的巫师则因为意识形态统制的相对宽松而又获得了生长和发展的空间。张珣曾通过对台湾乡村的研究，确认了由三个体系组成的民间医疗系统：神圣的、世俗的和西方的（可简单对应于巫医、中医与西医），而民众对三者的选择受到了社会、现有的医疗组织、病人个人等多重因素的影响。[②] 显然，我们不仅要关注当下的中国农民选择何种医疗系统以及这种选择受何种因素影响，还要揭示农民的疾病分类逻辑以及遇到各种疑难危重病症时所采取的"仪式性治疗"背后的历史和现实意涵。

本文的资料主要来自 2007 年 11 月、2008 年 6 月对河北 Y 县 NH 村村民的深度访谈。Y 县属于河北省级贫困县，面积广大，属于农业大县，NH 村所属的 L 乡主要收入来源是农业和畜牧业，而 NH 村的土地盐碱化很严重，土地并

---

① 杨念群：《再造"病人"——中西医冲突下的空间政治（1832—1985）》。

② 张珣：《疾病与文化——台湾民间医疗人类学研究论集》，台北：稻乡出版社，1989 年。

不肥沃。NH 村有村民 1 315 人，住户 312 户，耕地 1 700 多亩，主要农作物是小麦、玉米和白薯。玉米亩产可达 1 300 斤，小麦亩产 800 斤。村里以农业为主，基本没有工业和副业（以前曾有的采矿工业因炸药管制现已全部停工）。目前村里有三四百个青壮年在外打工，其中大部分在北京从事建筑业。村民平均年收入在 2 000 元到 3 000 元之间，而村里最富裕的家庭经营一家年收入 20 万元的饭店。

三、"小病"与"大病"的区分：农民的疾病观

在调查中，我们经常听被访人说到"大病""小病"的区分。比如在村民 JYG 眼里，"大毛病就是得住院，住院治疗的。……小毛病就是头疼脑热的，胳膊腿疼点，脑袋疼，牙疼，不影响工作的"（2008 年 6 月对村民 JYG 的访谈）；村民 LRF 说到自己的身体状况时也自豪地表示，自己身体没有问题，偶尔有点"小毛病，吃点药就好的"（2007 年 11 月对村民 LRF 的访谈）。在农民心中，像感冒这样去村里卫生所通过打针、吃药等简单的方法能治好的是小毛病，不值得被重视。而农民心中的"疾病"概念则与"大病"联系在一起，即在基层医疗卫生机构看不好，

必须去县级以上的医院通过住院治疗的。当然，那些几乎没有治愈可能、不死也得长期拖着的肯定是农民心目中的疾病了，因为这样的病不但使病人自己受罪，还会牵累家里人。村民 XGZ 的婆婆自从她嫁过来就一直"病着"，"结婚没几个月她就病倒在床上，一瘫瘫了十多年。说不了话，也走不了，手也动弹不了"（2007 年 11 月对村民 XGZ 的访谈）。这种持续性的重大疾病对整个家庭都有影响，XGZ 家"（为了给婆婆）看医院，到现在我们还没盖房子，多困难，是不？我们就她那个影响的所以这个小孩要得晚。……家里边有病人，……我们俩都得打工"（2007 年 11 月对村民 XGZ 的访谈）。

农民心目中的这种"大病-小病"的疾病谱系是与时间序列紧密相连的。过去与现在的对比经常在农民对疾病的看法中出现，并左右了农民对于大病和小病的区分。村民 WCH 在谈到去世的母亲时说："我妈的病要搁现在也好治，子宫瘤，现在这不叫毛病，过去这个病不行。"（2007 年 11 月对村民 WCH 的访谈）显然，村民对"大病-小病"谱系的构建以对过去生活的回忆作为参照，过去的"大病"也许现在不算"大病"。"小病""大病"概念不是一成不变的，会随着农村医疗条件、医疗水平的变化而变化。

显然，这种对"大病""小病"的区分是当地农民面对农村相对贫困和医疗资源相对匮乏的环境时所做的理性选择，当然也是不得已的选择。在村民的疾病分类中，他们剔除了一类他们认为不是"病"而现代医学认为是"病"的精神疾患。

四、作为代偿的"仪式性治疗"的发生

1. "不顶用"的正式医疗① 系统

通常来讲，农民生病之后应通过正式医疗途径治疗：头疼脑热的"小病"到村里卫生所拿药，稍难处理的疾病到乡卫生院或县医院治疗。而事实上我们发现，这三级正式医疗系统并不能满足农民的医疗需求。

对于村医，村民普遍感到不满。村民 ZXP 说："我们村医太烂了，给你多捣腾好多药。我那回胃疼，拿了 35 块钱的药，最后人家告诉我都是营养药，治不了毛病。"（2007 年 11 月对村民 ZXP 的访谈）而在乡卫生院和县医

---

① 对于"正式"医疗和"正规"医疗，本文都有所涉及。"正式医疗"侧重从学理和合法性方面解释，而"正规医疗"则侧重从农民自身的观念角度阐述，也就是说，在谈到学理问题和对合法性问题的讨论时我们会使用"正式"一词，而谈到农民的观念和实践时偏向使用"正规"一词。

院的比较考量中，农民一般会考虑跳过乡卫生院，直接去县医院，因为在农民心里，乡卫生院的水平不高。在农民实际的选择中，村级卫生所和县医院基本上成为选择的两端，小病就在村卫生所拿药、打针，大病直接去县医院看。[①] 但是即使到了县医院，也未必能将病治愈。比如癌症，在 Y 县医院中属于最高等级的县人民医院只能诊断，没有能力治疗。显然，"不顶用"是县以下正式医疗系统面对农民医疗需求时的最大问题。

2006 年在 L 乡开展的"新农合"虽然把农民纳入正式医疗保障体系，但从农民的反应来看，似乎有点"中看不中用"的味道。村民 JYG 平时不在本村的卫生所看病，而是选择去不能报销的邻村医生那里治病，因为"咱们这村没好医生。……平时也不指着这个钱，不住院就不指着这个（'新农合'）"。"新农合"在农民眼中似乎成为一种"护

---

① 在调查中，我们发现的确存在村民选择在乡卫生院治病（如做手术）的案例，但他们也是在县医院确诊之后到乡卫生院治疗的。在经济拮据的情况下也要去县医院"确诊"，这说明他们在"确诊"一事上是认真对待的，也就是说，他们对自己或家人所患的"是什么病"的追问是较为执着的，而确诊之后回乡卫生院手术则主要出于对价格的考虑（乡卫生院做阑尾炎手术比县医院少 2 000 元左右）。在农民心中"确诊"比"治疗"的要求更高、更精确。"确诊"所得出的疾病名称让农民能够给家人、社区一个解释和交代。这与后文将要提到的"仪式性治疗"的乡土伦理意义相呼应。

身符"，只在治大病的时候才用来补偿损失。而当家人得了大病（如癌症）时，一般家庭完全没有能力承担去 B 市甚至去北京治疗的费用。治病的账是这样的，"一般家庭如果在万八千的、一万多，都可以治。如果达到两万，借钱也去治。如果三万、五万的，十万、八万的，就治不了了。……（能去北京治病的是）很富的了，不是普通人"（2008 年 6 月对村民 JYG 的访谈）。可见"新农合"在农民眼里主要是用来补偿大病（住院）治疗中家庭所支付的大额医疗费用的。当然对农民家庭来说，这样的聊胜于无的补偿也是很重要的。因为在家庭收入有限的前提下，这样的补偿至少可以缓解一点治病带来的家庭的经济困难。

2. 疾病的"转包"：民间巫医 ① 的替代作用

在村民看病的过程中，如果其疾病被正规医院宣判为不可治疗，或者看病需要支付的医药费过多，他们就有可能选择费用相对低廉的民间的非正式医疗系统，即以"香香"或"大仙"为代表的民间"巫医"来进行被现代医学视为"迷信"的替代治疗。在乡政府工作的村民 JYG 说：

---

① 我们在讨论"民间巫医"的时候需要突破科学主义的意识形态，甚至需要对科学主义意识形态进行一定程度的反思。关于对科学主义意识形态的反思，参见汪晖：《现代中国思想的兴起》（下卷第二部：科学话语共同体），北京：生活·读书·新知三联书店，2008 年。

"有的上县医院，花了几千块钱了，瞧不好，到他那里，给看了看，看看相，给送了送，拿黄钱，送送，就好了。有这个的。……一般都是瞧不好病了，去找大仙。"他妻子也说："'实病'去医院，'虚病'，就是身上不好，就去找他们（大仙）。正规有病也是去看医院。"（2008 年 6 月对村民 JYG 的访谈）

当然，在遇到家人有精神疾患的时候，找大仙自然就是最佳的选择了。事实上，大多数情况下，村民在向大仙寻求帮助的时候就已明确知道并不一定能得到救治、并不一定能治愈疾病，他们只是"死马当活马医"。

这最终形成了大仙与医院的"分工"：遇到医院看不了的病（如癌症）、医院越看越不好的病，或者医院不看的病（如精神疾患），人们会去找大仙。换言之，农民将正规医疗系统无法救治、无力救治的疾病"转包"给了民间巫医来处理。这就带来一个问题：假如村民看重治疗效果的话，那么他们在无法判认治疗会不会有效的前提下，为什么还要执着地找大仙看呢？反过来，如果这确实表明村民们看重的不是治疗的痊愈效果，那么他们在这样的治疗中看重的是什么呢？

首先，必须要说的是，作为正式医疗途径的现代医学

与生活在本乡社区的农民对疾病有着不同的解释。现代医学对疾病的治疗目的是治愈，而农民对病痛的治疗目的是减轻病痛、安慰患者，使之获得心理与生理上的支持和满足。除此之外，社区伦理也对农民疾病的治疗产生影响。传统的村落社区中，"有病就要去看病"是被大家所遵守的，如果谁家有人生病而不去治疗，在社区中是不能得到容忍的，而治疗的手段则随着个人的经济情况可以变通。

其次，由于医疗资源的稀缺，家庭在安排病人医治方面会有一个先后次序，在 NH 村中，老人总是排在年轻人尤其小孩之后。对老人的治疗，尤其是对被正规医疗途径宣判为不可救治的老人的治疗，村民大多抱有"死马当活马医"的心态；且一般都是小病不治，大病再治。而找谁治则要根据自家的经济状况和家庭中对资源分配的考虑。由此可以看出，在村民眼里，是不是正规治疗是次要的，而"去治疗了"并由此获得社区的认可，从而产生治疗的仪式性效果是最主要的——因为社区情理并没有强调一定要治好。因此，在正式医疗系统不能满足需求的情况下，找大仙似乎就成为农民治疗疾病的一种可能的选择。在这种情形下，重视"治疗"的过程甚于"治愈"的结果就是必然的结论，这样就形成了"仪式性治疗"。

3. 过程重于结果的"仪式性治疗"

对"仪式性治疗"的理解有两个方面的考量：

首先，"仪式性治疗"是指农民在看病的过程中，注重治疗的过程，而非治疗的结果（治愈）。因此，无论农民选择请大仙看病，还是去正规的医疗机构看病，只要对过程的关注大于对结果的关注，都在"仪式性治疗"范围之内。比如前文提到的村民 JYG，在算完治病的经济账后接着说："……哪怕借钱去，也不让老人死得冤，花钱花到死在医院，不冤。……按照老传统死在外面不好，但死在医院说明尽了孝心了，花钱花到死了，尽孝了。看不好了，没办法。"（2008 年 6 月对村民 JYG 的访谈）村民 XGZ 的婆婆弥留之际还在输液，XGZ 也说："我们想有一口气就输呗。不能担不医治这不孝之名。"（2007 年 11 月对村民 XGZ 的访谈）在这里，"去医院花钱看病"和"给婆婆输液"都成为一种仪式性表达，是儿女通过对父母生命的挽留表达出自己的孝心。这种明知已经无力回天但还要表达出家人对病人的心意，重治病过程甚于结果的做法非常鲜明地体现出上述"仪式性治疗"的特征。

其次，"仪式性治疗"也是侥幸、无奈混合的复杂心态下的选择。农村的贫困和缺医少药的生存环境形成了一种自然筛选的机制，在这种机制下，健康被看作一种"幸运"，[①] 而不健康则是命定的，这显然是传统农业社区的典型心态，而"死马当活马医"也在一定程度上反映了这样一种心态。当然，它同时也表达了民间对"超自然力"的信仰。通过这样一种治疗，村民期盼的是在代价不是很高的前提下发生起死回生的奇迹。现代医学和民间巫术因此也在这里展开了交锋，而正式医疗系统治疗成本的高昂及其在某些疾病治疗中的无力也为巫医拓展了生存和发展的空间。但由于起死回生这种事情毕竟概率太低，因此不管怎样，它在多数情况下仍然是重过程甚于重结果的治疗，是村民对病人心意的表达，因而还是"仪式性治疗"。

除了大仙之外，像村庄社区这样的民间社会还有许多长期存在的、具有强烈地方性知识色彩的替代医疗途径，如偏方、冲喜的习俗等，这些习俗同样可以被包括在"仪式性治疗"的范围之内。这些替代医疗途径会通过口耳相传的案例深入村民的记忆，当他们自己或家人生病时，这种记忆就会被激活，这些途径也就会成为正式医疗无效或成本太高时村民自然的选择。

---

① 姚泽麟：《"工具性"色彩的淡化：一种"新健康观"的生成与实践——以绍兴 N 村为例》，北京大学硕士学位论文，2008 年。

五、"仪式性治疗"的实质：经由村庄关系网络的伦理表达

前文已经提到，受限于农村医疗条件和农民的经济情况，"仪式性治疗"的重点是治病，而不是治愈，因此它更体现了医疗作为社会伦理表达的意义。在乡土社会伦理中，对于有病的家人是需要有治疗的表示的，如不治疗，则说明这家人"不孝"或"对家人不关心"。这时候，表达乡土社会伦理所强调的孝心就比治愈疾病本身更为重要。在这里，原先以治愈疾病为宗旨、以现代科学为基础的西医的治疗就被当作一种礼仪性与文化性的治疗而存在，显然，这体现了村民在乡土社会伦理的制约下对现代医学的认知以及随之而做的选择。这样，普适性科学与地方性文化在"仪式性治疗"过程中就形成了复杂而微妙的纠缠。

下面是村民 ZXP 关于她奶奶的病和治疗的叙述，可以作为诠释"仪式性治疗"的一个典型案例：

> ZXP：（我奶奶）最后就是，一开始长的那叫什么啊，就是瘤，在这（脖子上）长长就破了，留个疤，然后还长，再长一个，排队一下子长到这里（心口）。找先生瞧瞧说是怎么了，吃药也不管事，后来到乡上，

说我奶奶是长虫，长虫瘤，我跟我母亲上后山庙上，从后山磕头一直磕到山顶上，一步一个头，一步一个头，都磕青了，我回来俩膝盖都肿了，也没管用。后来是怎么着啊，请了个老中医，他说你就吃点中药吧，他不说得的是什么病，等我奶奶死了，他说她得的属于是肺癌。他说这是长外头了，要是长到五脏里头早死了。长了二年，长到心窝窝上了。

访谈员：没去医院？

ZXP：没有。

访谈员：是大仙说身体里有虫？

ZXP：嗯。

访谈员：乡里的医院都没去？

ZXP：没有，这个老中医是北山的。他就说这毛病就用点药吧。

（2007年11月对村民ZXP的访谈）

在奶奶生病的时候，她们没有选择去医院，而是选择了寻求大仙的帮助。如果单纯从现代医学的角度看，她们的这种行为与医疗并无任何关联。但是她们就用磕长头这样一种带有强烈仪式性色彩的方式表达了对奶奶病症的关心和重视，即使没有成效，她们也认为自己对挽救奶奶的生命尽力了，可以心安了。"心安"背后的潜台词是她和家人可以对奶奶、对社区和奶奶的其他亲属做出交代。

正式医疗系统中基于现代医学的治疗方式仅仅把病人当作个体来对待，从而只关注医生与病人单向的个体间的关系。与此不同，在乡土社会中一个人得病会牵扯到病人的家庭、家族，甚至社区，因此治疗的过程不仅与疾病的载体，即病人相关，而且与病人所在的家庭、家族，甚至社区相关。因为病人处在这样特定的社会关系网络中，所以疾病发展的下一阶段——治愈或死亡——也许就会打破现存的社会关系网络中原本的平衡：假如病人死亡，社会关系网络中的某一节点将消失，社会关系网络将被迫重构。所以疾病的发生、疾病的治疗和治疗的结果必然与病人所处的社会关系网络中的每个人相关。在这个意义上，民间非正式医疗系统对疾病的"仪式性治疗"就是在社会关系网络的影响下发生的行为。由此可知，"仪式性治疗"不仅是家庭成员表达孝心或对家人表达关爱的途径，也是一种对社区成员"交代"的方式，从而也体现出乡土社会伦理经由社区关系网络对人们的行为所做出的约束。在这个意义上，治病成为面向社区大众的行为。

村民选择大仙（有时也包括中医）作为"仪式性治疗"的主要方式也有社会与文化方面的原因。应该说，农民对医院的"惧怕"不仅因为医疗费用过高，还因为对现代医学掌控个人身体的恐惧。在医院里，人们把自己的身体和生命交付给医生，医生以陌生人和权威的双重身份出现——他身上的白大褂象征着权威，似乎可以主宰病人的身体和健康；但他对于村民来说又是陌生人。病人对医生既敬又畏，既相信又不敢相信。在这样的背景下，大仙的存在似乎理所当然，并且，它与乡村中医的界限也是模糊的——有些大仙也会给病人开些中药。同时他们也是把病人当作家庭中的人、社区中的人来对待的。他们植根于熟人社会，在日常生活中与村民建立起基于人身的信任（而非现代医学提倡的基于职业的信任），这种信任使得病人及其家属在治疗的选择过程中对大仙和乡村中医相对"放心"。由此大仙的存在也获得了植根于社区的社会和文化的意义。

对于渴望表达孝心的儿女来说，无论是大仙，还是医院，都是体现和表达孝心的途径。于是以科学为指导的正式医疗系统与被认为是非科学的、带有民间巫文化色彩的大仙之间的张力就变得更加复杂，界限也更加模糊。中国本土医术与西方舶来品的冲突在这里也只能让位于村民的需要并根据村民的需要来决定取舍。结果就是，不管是去医院看病还是找大仙看病，所体现的都是乡土社会伦理上的意义，即对家中病人和其他亲属的责任（而这同时也是一份对自己生活于其中的村庄社区的责任）。

六、简单的结论

从民国开始，医疗国家化彻底颠覆了中医的正统地位，民间"巫医"也因此遭受了沉重的打击。1960年代建立的"赤脚医生"制度使得国家医疗体系渗入到最基层，基本占领了传统"巫医"的阵地，这使得现代医疗体系、思想可以进入乡土社会，也使现代医疗作为国家的代表在农村中得到较为充分的体现。但是，这并不标志国家已经铲除了民间非正式医疗系统存在的社会基础和文化基础。因为不论是过去还是现在，一方面，大部分农村地区的医疗资源一直处于相对匮乏的状态，农民并不能完全依靠现代医疗体系来解决自己的疾病治疗问题；另一方面，以西医为代表的现代医疗体系也不是万能的，总是有它力所不能及的时候和地方，即俗话所说的"治得了病，救不了命"。而家属对病人关爱的表达和病人家属通过采取治疗措施对亲属与社区给出交代，恰恰是农民治疗疾病的一个宗旨。这就使作为替代性治疗途径的民间非正式医疗系统一直有其生存和发展的土壤，也形成了与此相配的农村社区的医疗观念（比如对大仙的看法）。而通过疾病分类和治疗途径的选择表现出来的农民对超自然力的信仰和对西医的有限接受则表明，在医疗这个层面上，国家力量目前对农村社会的进入和渗透仍然是有边界的，以正式医疗系统为其物化代表的现代医学与以非正式医疗系统为其物化代表的民间医术（包括巫医）之间的较量其实还远远没有完结。

前面的分析中我们也讨论了"仪式性治疗"的主要特点。但是"仪式性治疗"最主要的作用却是通过村民对这样一种替代性治疗途径的选择，在医疗层面与国家对农村社会的渗入进行博弈。"仪式性治疗"的另一作用是提供了一个视角，通过这个视角我们看到了在医疗方面乡土社会伦理的特色，即它必须经过由病人和他的亲属组成的社会关系网络实现对人的行为的约束，并在这样的约束中表达出这种治病方面的伦理责任的"重过程，轻后果"的特色。这样一种特色也从一个侧面反映了农民在考量自己生存环境后所决定的行为选择原则背后那种冷峻的理性。

性别视角与田野文本

杨善华

一、"社区情理"背景下的性别视角

在《城乡家庭——市场经济与非农化背景下的变迁》一书中，笔者曾对"社区情理"曾经做过如下阐释："在一个相对封闭及文化相对落后的社区中，存在着由地区亚文化决定的某些为在该社区中生活的多数人所认可的行为规范及与此相适应的观念，这些规范和观念可能有悖于一定社会的制度和规范或者与一定社会的制度和规范存在着某种不适应。但因为社区的封闭性，且居民的文化层次较低，所以这样的社区行为规范和观念仍得以存在并发生作用，而在社区中生活的人在选择自己的行为时，则首先考虑自己的行为能否为社区中的他人所接受，并把它看作自己行为选择的主要标准。换言之，只要他们的行为能够得到在同一社区中生活的多数人的赞成,他们就认为可行。"[①] 读完笔者对"社区情理"的这一阐释,大家自会发现,其实此种社区情理的存在有一个前提,那就是中国传统的乡土社会。而这种乡土社会的典型特征就是小农经济以及与之相适应的父系父权的家庭制度。

在这样一种父系父权家庭制度主导下,家庭角色的分工是"男主外、女主内"。故笔者赞同费孝通教授在《乡土中国》一书中将"家"看作"绵续性的事业社群",以及它的主轴是"在父子之间,在婆媳之间,是纵的,不是横的"这样的观点。[②] 这是因为在小农生产方式背景下,家庭首先是一个生产的组织单位,夫妻首先承担的是家庭中的经济角色,这也是"男耕女织"这样的性别分工的由来。不过随着农村工业化和非农化的进程,这种性别分工会逐渐被夫妻同时从事非农职业这样的家庭角色分工所取代。但是,因为文化滞后性,这种具有"男性为先"特征的男权主义性别意识并不会因为生产方式的改变而立即消失,它依然会留在当地的社区情理当中,成为生长于该社区的人们评

---

① 杨善华、沈崇麟:《城乡家庭——市场经济与非农化背景下的变迁》,杭州:浙江人民出版社,2000年。

② 费孝通:《乡土中国》,北京:生活·读书·新知三联书店,1985年,第40页。

价自身与他人行为的标准。

这种情况就导致了第二种性别视角的出现。以往我们运用性别视角的时候，几乎都是女性主义的模式，批判的是社会上男权主义导致的性别不平等对女性的压迫或者是对女性权利的漠视，随之而来的是对性别平等的呼吁与追求。但是，正如鲍晓兰在《女性主义、"差异"和研究本土的重要性》一文中所指出的，在女性主义研究的初期，"知识界所谈的'妇女意识'往往只反映有话语权的妇女的心声"。因此，在谈到妇女视角的时候，一定要注意"是否已涵盖了各社会组成的妇女？有无出现话语权倾斜的现象？"[①] 这样一种话语权的倾斜，往往会使我们忽略另外一种性别视角，即相当一部分在乡土社区中成长与生活的女性，其将已有的性别不平等不加任何批判地作为理所当然的既成事实来接受。换言之，她们亦是按男权主义的观念和行为规范来评价自己以及周边人的行为的，所以，我们也可以把这样的性别视角看成"普通妇女的男权主义视角"。

2004 年，笔者在《理解普通妇女与她们的生活世界》一

[①] 鲍晓兰：《女性主义、"差异"和研究本土的重要性》，金一虹、刘伯红：《世纪之交的中国妇女与发展——理论·经济·文化与健康》，南京：南京大学出版社，1998 年。

文中指出，"女性研究的对象虽然是全方位的（应该包含社会各阶层的妇女），但首先应该关注的是在中国城乡社会中占妇女多数的非精英群体，即普通妇女群体"，因为她们是"城乡社会基础的重要组成部分"。如果说从事女性研究的知识女性是妇女解放的"先知先觉"者，或者说是女性个人自主性的有力倡导者，那么普通妇女群体也并非"后知后觉"，因为"她们有着对自己所生存的社会环境的清晰和理性的认知，知道如何在观念和行动方面达到和社会环境的协调以获得自己生存和发展所需要的空间；知道如何将自己个人的利益融入家庭（家族）或集体的利益以在'家本位'或'集体本位'的体制下获得'自主性'；在她们的意识和行动中同样有着中国妇女几千年所积累的生存智慧的显现"。①

显然，生活在上文所言的乡土社区中的女性就是这一普通妇女群体的组成部分（甚至是主体），她们采取的是"在观念和行动方面达到和社会环境的协调以获得自己生存和发展所需要的空间"这样的策略，这恰恰是她们认知理性之表现。所以，"第二种性别视角"作为乡土社区中多数

---

① 杨善华：《理解普通妇女与她们的生活世界——兼谈女性研究的方法论问题》，《光明日报》2004 年 11 月 23 日。

女性行为选择和行为评价的原则，必须引起我们的关注。

二、"第二种性别视角"对文本提炼与分析的意义

笔者认为，对于以意义探究为目标的深度访谈来说，这样的性别视角首先有助于加深我们对被访人叙述意义之理解。

河北 P 县有一个我们已经追踪了十年的农村社区，2007 年我们去之前听说村里一户人家的父亲杀死了自己的儿子，这个事件在当时影响挺大。进村后我们了解到，这一户的父亲和前妻有个儿子，儿子长大后也没有找到正经的职业。父亲后来离婚另娶，"这个女人带了一个女娃儿过来，过来又生了一个男孩儿"。（2007 年 3 月 29 日访问 QSS）不过因为他前妻的儿子和继母明显不和，所以为了避免家庭内部不断的争吵，这个父亲就和儿子一起又盖了栋新房，但他把老房子给了自己的儿子，自己和现任妻子住在新房里。这样的做法激起了他儿子的不满，他儿子觉得当爹的应该把新房让给自己住。所以儿子就三天两头跑到父亲的家里和父亲及继母吵架。吵架当中自然没有好话，出现了类似"你不让我活，你也活不了"这样的过激之词。

这个父亲觉得既然这样，他还不如先下手，就在一天中午来到儿子家里，与儿子交手，最后用铁锹拍死了儿子。

这件事情让村庄蒙羞，与这个父亲同族的人也觉得抬不起头。但是我们在访谈这个族里的媳妇时，她们七嘴八舌，却是众口一词，都是骂这个继母"太坏"，迷惑了这个男的，才让他做出这样的不伦之事。（2007年3月29日访问LMM等）这样一件案情非常明确，罪责也很清楚的由家庭矛盾导致的凶杀案，为何对罪责该归于谁还有这样的看法？我们通过讨论形成了一个共识，就是当这些媳妇从外村（或外家）嫁到这个家族的时候，她们自己的身份认同发生了变化，即她们认同自己是婆家的人，所以她们要竭力维护婆家的家族荣誉和利益。但是，这个男的后娶的妻子，却没有被她们认为是自己人，所以她们把罪责加到她的头上也就毫无顾忌了。同样，减轻杀子的那个男人的罪孽也意味着减轻了自己家族蒙受的羞耻，这也是她们乐于做的事情。因此，我们可以看到，至少这几个媳妇对自己归属的认识是很清楚的，即她们认识到必须把自己融入某个家庭和家族才能确保个人的生存和利益。如上文所述，在这个意义上，她们是家庭本位或家族本位而不是个人本位的。

其次，这样的性别视角有助于增强我们对文本的敏感度。2005 年 9 月，我们在山西 Y 县 G 村访谈一个 31 岁的罗姓青年妇女，她在开始接受我们访谈时就说"就那样活了"，说了好几遍。一开始我们都有点惊愕，不知道她为什么要把一句很平常的话重复好几遍。直到展开了她的生活史之后，我们才逐渐理解了她的想法。这个女的不是本村人，她是外嫁过来的。上学上到初中（这在当地女青年中就算很有文化的了），结婚之前在县城的一个胶囊厂做胶囊，每月有约 500 元的收入（这样的收入在 1990 年代中后期的 Y 县就不算低了）。有一次她丈夫来她村里打井，因而两人结识并自由恋爱直至结婚。但是对于婚后生活她补充说，"来了不好，公公没钱，没房子"，"那时候小，不懂事"。她 21 岁结婚时，公公家里有六间房，当时他们分了两间（但是有了孩子后不够住，她就在外面租房子住）。结婚两年后生了孩子，但是婆婆不帮着带，说村里没这个规矩，她没办法只好辞去了工作，回家专职带孩子。跟公公婆婆分家时，公公说他们有两个选择，一个是拿一块宅基地（公公花了 3 700 元从村里买的），另外是拿公公给的4 000 元钱自己去弄房。当时她和她丈夫选择了拿宅基地，但是拿地之后发现宅基地不平整，需要他们自己垫平才能盖起房子来。现在已经花了 3 万多元了，还要再花 1 万多元才能住人。分家时分的两亩地现在就是她来种，种点玉米和吃的菜。（2005 年 9 月 2 日访问 LHY）

晚上讨论时笔者就问同去访谈的同学，从罗姓妇女的叙述中可以看出什么，笔者特别提了一下她最初说的"就那样活了"这句话。因为这些同学大都第一次来 Y 县，对当地的人情世故不熟悉，所以也说不出什么来。笔者就说，从生活史看，这名女性算是当地的一名知识青年，又有一份很好的工作，所以她对未来是充满幻想的，她坚决地不想步她母辈的后尘，做一个围着锅台地头转的农村妇女，故而她的恋爱婚姻也带着很浓的浪漫色彩。但是，她的幻想是经不起传统乡土文化那种坚固石障般的碾压的，因为"千百万人的习惯势力是最可怕的势力"。她先是有了孩子，婆婆以"这里没这样的规矩"为由拒绝了她想让婆婆帮着带孩子的请求，逼着她只能辞掉了工作，接着因为婆家不能提供现成的房子，她只好接受一块还要她出工费钱费力的宅基地，为了生活而奔忙（所以她现在认识到"那时候小，不懂事"）。现在在家种地，等于又回到了她母辈的原点。因而，我们看到的是，她努力过，可最终还是挣不脱传统乡土文化所规定的男女角色分工这张无形的大网。这样，简简单单的一句"就那样活了"被赋予了一种挣不脱大网的无奈，这才是整个访谈中最画龙点睛的一笔。所以"就那样活了"是对她这30多年人生的总结和评价，也是我们了解她整个叙述的意义脉络。

三、"第二种性别视角"在日常生活中的展现是提炼的重点

在田野调查，尤其是农村的田野调查中，家庭和家庭关系是必须关注的重点。因为被访人的日常生活正是以家庭为依托，通过共同生活这样一种相处方式而展开的，从而也使彼此之间的关系得以展现，而经由这样的途径，我们也可以去开掘在社区情理中属于"社会底蕴"的那一部分，进而深化对社会的认识。

在《理解普通妇女与她们的生活世界》一文中笔者曾谈道："等到我们真正进入普通妇女的生活的时候，我们就会感到她们生活的平凡，这种平凡就如同我们对'日常生活'的一般定义：重复，单调，没有英雄史诗般的传奇，也没有置身政治和生活旋涡之中的紧张和激动。即使是类似生老病死这样的个人生活中的重大事件，似乎也与他人雷同。但是，这正是普通妇女生命历程的特点，是她们的

共性。而且，只要揭开这样的表象，我们就会发现她们的生活仍然充满了意义。这样的意义之所以存在，是因为她们自我或者人格的形塑与再形塑是在她们生活于其中的社会环境的影响下完成的，因此，她们对自我的定位不可能不受这种环境的制约。"另外，"她们与他人及与社会环境的互动是一种符号的互动，这样的符号必然承载着意义。同时，在她们能动地适应或者改变自己置身于其中的社会环境时，她们也赋予了社会环境一定的意义。因此，对任何一个心智健全的妇女来说，她和他人交往时的行动和言语都有着很强的主观意图，而按韦伯的说法，这样的主观意图就是主观意义，是可以被理解的"。[①]简而言之，即使是农村的普通妇女，她们也是韦伯笔下的"社会行动者"，她们在清醒认知自己所处的社会环境之后，一定会做出一个她们认为相对合理的行动选择，并赋予这样的行动以主观意义。而社会则会通过制度和舆论两种方式对她们的行动做出回应，适应者得到肯定，行动过激者则被边缘化。如此我们可以看到，普通妇女在日常生活中的行动充满了社会学的意义，也确实有性别分析的价值。那么第二种性

---

① 杨善华：《理解普通妇女与她们的生活世界——兼谈女性研究的方法论问题》。

别视角的展现有哪些种类？通过这些年的田野调查，我们大致归纳出以下类型。

1. 不越"底线"

2019 年 2 月，我们在四川宜宾做田野调查时在 S 乡 H 村碰到了 W 大姐。她在村头开早餐店，每日起早贪黑地工作。因为自从结婚以来，她的丈夫就不爱劳动，种地不勤快，后来去镇上的酒厂上班，也是三天打鱼两天晒网，有点闲钱就去打牌，从来不给家里钱。按 W 大姐的话来说："他就是那种懒散的人，也不上进，不想多挣钱那种，不注重儿子，也不注重老婆，反正他一天只要自己过得好。"所以，从儿子上学到老人生病，家里的一切开支都是 W 大姐承担，她也曾想过离婚，几番下定决心，最后还是因为儿子的挽留而放弃。W 大姐还向我们谈到，自己曾一度感到不公平，怨恨为什么只有自己挣扎着支撑起家庭，丈夫却可以日日打牌享乐，她也想要和丈夫一样过轻松的生活，但最后念及孩子和老人，她还是决定担负起自己的职责。"我们就一起（笑），以后要打牌一起打，要做一起去，但是不行啊，女人你就比不赢男人，他不管你明天有没有吃，你女人你比如说今天有一碗稀饭吃，你今天吃了，你还要考虑明天，还有孩子，那个时候还有老人。他就不管那么多，管你明天有没有饭吃怎么样，他就打牌。那个时候，三天三夜不回家，他都可以。比如说晚上我们一起都睡了，他说我去上个厕所，出去就跑了。你第二天早上起来，他门打开着，人没看到，又打牌去了。"（2019年2月15日在H村访问WDL）

有意思的是，虽然W大姐流露出想离婚的念头，但是她在村里人缘很好。我们在讨论时分析过她人缘好的原因是她"顾家"，尽到了自己对家庭的责任，而她的丈夫则成了舆论谴责的对象，原因是他毫无家庭责任感。这就是一桩婚姻不会破裂的底线——夫妻双方虽有矛盾但都尽到了对家庭的责任。因此，个人的事情再大，也大不过你对家庭的责任。这就是宜宾的农村地区为大家所恪守的行为规范。

好在后来W大姐的丈夫终于浪子回头，但是改正的决心却来自他们的儿子对他的警告。W大姐说，本以为一辈子会就这么过去，情况在儿子成年后却突然发生了变化。儿子18岁时决定去当兵，当兵每月都有收入，从那时候开始，他的话在家里有了分量，"以前我老公爱喝酒嘛，别人就说啊，'你今天又喝酒了，我要给你老婆打电话了'，他说'我怕我老婆个球啊'"，但是"（他）怕我儿子！因为我儿子跟他说，'我妈妈为这个家已经付出太多了，你再不改，今后你老了，我也不会养你了'"。

W大姐回忆道，就是从丈夫和儿子发生了这样一次对话后，丈夫开始把工资交作家用了，打牌也有了节制。他当然不至于去"担忧几十年后的危机"，但他所不能容忍的是，"不养"就意味着儿子"不认"自己这个父亲了，儿子要和自己断绝父子关系，自己就成了"绝后"之人。而从家庭中脱离出来的个体一旦失去了丈夫和父亲的身份，也就同时失去了一个农村社区中"正常人"的身份，他就会被村民边缘化，沦落至村庄的底层，即他被开除了"社（会）籍"。因此，这个例子让我们看到了"家本位"文化在社区中的普适性。

2."枪打出头鸟"

对于不愿意承认男性为主，一心追求男女平等的女性，社区的舆论和制度运作都会把她们看成异类，然后千方百计地将她们逐出主流，"枪打出头鸟"就是常规方法。

这是我们2001年在浙江省C市T镇Q村做田野调查访谈S姐时听她讲的故事。S姐是当时Q村的妇女主任，村中妇女们这样称呼她。S姐1981年嫁到Q村的L家。她娘家在C市的C镇，离T镇不远。她的丈夫有两个兄弟和一个姐姐，家中父母都健在。S姐嫁过来之后，夫妻俩就和老人分了家。六年后，夫妻俩还清债务，就开始弄房子，将原来分家时拿到的一间房翻建成二层小楼。S姐嫁过来差不多20年时，正赶上Q村房地产开发的热潮，他们就在新村委会办公楼的马路对面买下了一幢三楼三底的新房。S姐一共有两个孩子，大女儿当时18岁，在C市中学上高二，小儿子12岁，在T镇小学上五年级。S姐是个性格比较开朗、好强的人，用她自己的话来说是"自尊心很高"。她在娘家因为排行最小，受到全家人的宠爱。后来读完了高中，这在当地妇女中就算高学历了。能上完高中，说明了两件事：第一，S姐聪明；第二，她勤劳能干，因为在她上学的时候，大家普遍贫困，读书并不很受农民重视，孩子上学是要自己去挣学杂费的。1976年，S姐高中毕业，就在C市找了一份工作。虽然她还是农业户口，但是能够在城里找到工作在当时也算一件光荣的事。在C市财政局下属的家属厂工作期间，她还曾经当过一个"芝麻绿豆"的小官，一直到1989年儿子出生，她才回到Q村。

S姐的这些经历使得她对自己的能力颇为肯定。她觉得无论是文化还是工作能力，自己并不比周围的男性差。但是，这种意识在她嫁到Q村来以后，就不断地受到挑战。

第一次给她留下深刻印象的事发生在女儿出生以后。

丈夫和公婆都希望她生个男孩，结果女儿出生后，家人就不高兴了。S姐说："我当时很气愤，她（指女儿）爸爸只有初中文化，我当时一直在浒山工作，女儿（出生）只有72天，我就带到厂里去了，不回家了。"女儿取名时，公公婆婆想给女儿起个"陆牡丹"（当时有一首歌《红牡丹》很是流行，"陆"在C市方言中和"绿"同音）的名字，但S姐坚决不同意，她给女儿起名叫"胜男"，她说："我既然生了个女儿，就要胜过男的，才华胜男。"她笑着对我们的访谈员说，当时那么做，"没有其他什么意思，就是想打破这个陈旧观念"。即使现在女儿大了，她还对女儿说："你多想想这个名字，妈妈为什么要给你取这个名字，一定要为这个名字争气。"

这件事可以说是S姐的"自尊心"和Q村乡土文化的一次冲突。1980年代初的Q村，由于集体工业刚刚复苏，所以农业收入仍然是家庭的主要收入。老一代Q村人的思想中仍然保留着传统的传宗接代的观念。Q村原来一直是个家族聚居的村落，钱、王、许三个大姓保持着较为稳定的格局。男主女从、男尊女卑的思想有着坚固的根基。新中国成立以后，家族势力虽然看似销声匿迹，但是在日常的生产生活（如婚姻）等方面仍可以感受到其存在。如果我们把这一事件当作 S 姐遭受的第一次思想冲击（由此她的自主性也开始萌芽），那么她和丈夫开办工厂的十年则是她的自主性成长的阶段。

　　和村中其他有工厂的家庭一样，S 姐家的工厂里，他们夫妻俩也都是"老板"。他们两口子的分工有点类似于传统家庭中"男主外、女主内"的模式。丈夫负责跑销路、原料、发货、讨债，她则承担了工厂的生产管理以及账务。先前在市区的厂里工作时她已经学会了一定的技术，也积累了相当多的管理经验，因此做这些事情可以说是得心应手。所以，在 S 姐身上我们看到，"相夫教子"的贤妻良母角色有了新的诠释。S 姐以自己的行动表明，妻子不再是夫妻关系中的配角，她们所承担的也不仅仅是操持家务、辅助丈夫、管教子女、孝顺公婆等按传统属于"本分"的事务，她们同样可以进入从前只属于男性的领域。只不过她这种做法并未得到社区的认可，比如当时 Q 村村委会主任就曾说："我们这里，女的应该管家里的事，男的应该在外面赚钱，家里打算（过日子）是女的好，男的不行，外面大事情拍板，还是要男的。"

　　对 S 姐来说，让她觉得最不公平的是，她在村庄事务中被边缘化。1997 年 S 姐接任妇女主任一职，当时村委会成员有五人，分别是村委会主任、治保主任、调解员、出纳员和妇女主任，只有她一名女性，而且除她之外的四人均是党支部成员。1999 年党支部和村委会换届选举后，村委会成员则由五人减为三人，即只是村委会主任、治保主任、调解员，党支部成员变为四人，此三人仍在其中。经过这次选举，Q 村的政治权力核心高度稳定，几乎仍是原班人马，不同的是，唯一的女性被排除出了村委会。

Q 村的这次村委会选举是第一次直接选举。根据我们的了解，选举的程序可以说是公正的。因此，我们关注的是 S 姐落选在社区中引起的反应。选举之后我们去访谈 S 姐时，她很激动地说，她在选举中失败，说明"村里对妇女工作不够重视"，因为在其他村里，妇女主任都是选上的。据她说，镇里负责妇女工作的干部对此也"感到很吃惊"，特地打电话给她，让她仍然安心工作。不过后来的访谈中我们再与她谈起这个问题时，她已经看得比较淡了，但还是表示了遗憾。

然而，在我们访谈其他村庄的妇女主任时，她们还是能够明显感受到自己和其他村干部的差异，而且这种差异不仅仅是体现在报酬上。比如，在村委会讨论诸如经济发展等事项时，妇女主任就是可有可无的，她们要么不参加，要么参加了也不说话，因为"说了也不会照你的去办"。于是，妇女主任通常会对本职工作以外的事务都表示沉默，因为她们觉得自己要"有自知之明"。[①]

对照其他村妇女主任的情况，笔者认为，S姐落选村委会的原因是她在村庄公共事务的参与方面表现得过于强势。不管她主观上有没有这样的想法，她的行动所表现的是她想尝试冲破传统角色定位所形成的"妇女进入公共领域的天然屏障"，[②]这自然不为村庄固有的传统乡土文化和习惯势力所容，因此掐掉她这个"尖"就是一个必然的选择。笔者一直记得在村委会办公室和W书记谈及选举时他莫测高深的笑容。

3.普通妇女女性主义自主性萌发的前提条件

在每个个体开始社会化的时候，其所要学习的有关社会的知识和规范都是已经存在的。这种学习在很大程度上只是一种接受，这是因为个体会发现别人都已经接受了这样的知识和规范，其若不接受就会变成异类而被自己生活于其中的群体所排斥。乡土社会中的"男主女从""男尊女

---

① 以上S姐的故事及妇女主任的叙述主要来自2001年1月19日对S姐及两个邻村妇女主任的访谈记录。
② 许敏敏：《走出私人领域——从农村妇女在家庭工厂中的作用看妇女地位》，《社会学研究》2002年第1期。

卑"观念就是这样被村庄中的普通妇女在其成长过程中潜移默化地接受下来的。

1998年8月,我们在河北P县村庄调查时访谈过一个老太太,她是家族里的长辈。话说到兴头上,她的儿子来了。她儿子曾经当过村里的党支部副书记,可是在1995年因为领导班子变动被免职了。她儿子觉得有点冤,就跟我们诉说这件事。老太太也为儿子抱不平,没想到她儿子很粗暴地打断了她,说:"你不懂。"老太太没有因为儿子打断了自己,觉得丢了面子,跟儿子去争执,而是理智地选择保持沉默,之后一直没有再就此插话。这件事表明,老太太的儿子是根据当地社区的观念和规范来处事的,因此他认为政治是男人的事,女人不应该参与。同时老太太的沉默则表明,老太太也是这样看的,所以她不跟儿子辩驳。(1998年8月21日访问W婶和QZX)

我们分析的时候,觉得有意思的恰恰是被儿子打断后老太太的沉默,这意味着她觉得男人搞政治、女人管家里是不言自明的铁律。很显然,她是按照上文所讲的"第二种性别视角"来看这件事情的。而如果按照女性主义的性别视角,那么这恰恰说明了这个老太太缺乏自主性且不自知,这也就是舒茨所言的对生活的想当然(未加任何批判和反思）的自然态度。由此我们得出一个结论，对大多数农村妇女来说，当其生活在一个相对封闭的社区的时候，由于她接受了社区的男权主义乡土伦理，她是不会觉得自己没有女性主义那种自主意识的。其自主性的萌发（以自主意识的形成为前提）恰恰是在她置身于一个新的、与自己生活的社区不同的认知参考框架，并且接受了这样的框架，从而发现了自己没有自主性的时候。

以银川郊区我们的朋友 HFQ 为例。我们是在 2002 年第一次去她生活的村子调查时认识她的。她 1975 年出生，初中毕业后报考了中专和师范，但都没考上，1996 年嫁入 B 村。结婚后，她本想一心操持家务，协助在外打工的丈夫把生活搞好。但没想到她丈夫因身体不好，不得不辞掉工作回家同她一起养猪。因村里养猪的人多，竞争激烈，所以他们夫妇也挣不了几个钱。同时，家人又不断生病，为付高昂的医药费，他们几乎花光了微薄的积蓄。"公公婆婆也不说话，也只能我自己想办法去干。"公婆之所以会这样，原因之一是他们确实不富裕，原因之二是怕引起她丈夫兄嫂的不满，因为他们之间的关系也不好，曾为 HFQ 夫妇结婚所盖的房子比他们大而吵闹过。当时婆家人的态度不免让她心怀怨愤。

不过，她的娘家人在物质上还是给了她一些帮助，比如她养猪拉泔水的三轮摩托车就是娘家人出钱买的。她深知自己虽受父母兄嫂的喜爱，但毕竟"嫁出去的女儿，泼出去的水"，她不能太依赖娘家人的帮助。她自己说，"但我毕竟有哥嫂，我不能让他们（指 HFQ 自己的父母）对我太好"，"我不能让爸妈哥嫂负担太多，他们也要发展"。

1999 年，B 村的妇女主任退休，村里公开招聘新的妇女主任。按理说，妇女主任主管计划生育，这是件容易得罪人的工作，但由于村里的妇女没有多少外出挣钱的机会，因而妇女主任一职也受到一些妇女的青睐。HFQ 了解到这一信息，认为是一个机会，经过认真考虑，她决定报名竞聘。"我不喜欢服务行业，所以就去了妇联。也是一种机遇，如果没有这个机会，我也就是在家养猪了。"

最终，她通过自己的努力脱颖而出，被聘试用一年。而且她在后来与邻村一位妇女的竞选中又获胜，顺利当上了并村后的 B 村妇女主任，并在 2001 年加入中国共产党。

从 2002 年我们访问 HFQ 时她的言谈中，不难看出她之所以去竞聘妇女主任主要是出于经济方面的考虑。那个时候，她认为担任妇女主任和养猪一样，都只是一种增加家庭收入的途径，丝毫没有考虑担任妇女主任对她个人而言究竟意味着什么。很显然，她这样做并非出于对自身政治权利的诉求。实际情况也是这样，她将自己的全部精力都投在计划生育工作上。哪怕村干部一起开会，她对于自己工作之外的事也并不积极发言，只是书记让她讲时，她才会"说几句"。

不过，情况总是在变化，到了2005年，HFQ迎来了一个难得的机遇——他们村要拆迁了。他们的户口也会转成非农户口，而她所在的M乡则将改为街道办事处，她自己也搬进了村里集资建的小产权房。更令她振奋的是，之后的拆迁，他们还可以拿到相对更多的房屋作为补偿，所以她的眼界开始改变了。

2006年我们访谈HFQ时，她在村委会已经工作了八年。她坦言："我现在从事的村委会的工作，让我学会了'和人'的道理，学到了社会经验，但是商场上的知识我没有学到。如果那时候把精力放到了商场上，也许可能学习到一些做生意的经验。你要从干活里面学到经验，学到知识，你不能只知道挣钱，结果活到老都不能再发展了。""我对那些小媳妇说，你们别看500块钱工资少，跟着老板干，学习经验很重要，老板也不容易，他要进货，搞好外界关系，要考虑很多很多事情，当手下受的都是皮肉之苦，你要跟着老板学呢。""说了以后，过了一段时间乡上组织计算机培训了，她们就喊我去学，学得还挺好的。"从这段话我们可以看出，她最重要的变化是学会了用长远的眼光来看自己的发展，而不是执着于眼下的经济利益。而且，她也学会了"换位思考"，知道"老板也不容易"。

2010 年我们再访谈 HFQ 的时候，她已经是社区党支部书记兼居委会主任了。在这个职位上，她一直干到现在。2021 年我们去访谈的时候，能感受到她的成熟和老练，这也已经让她可以应对社区内复杂的人际关系和上级交办的各项任务了。因为是老朋友了，见了我们，有时她也会袒露一点自己内心的想法，比如基层工作繁重但待遇上还差一点之类，但是说过就拉倒。这个时候，我觉得她已经学会当领导了，这是她非常重要的学习收获。[1]

总结 HFQ 的成长历程，我们应该承认，当上村妇女主任是她人生的一个转折点。所以，一个原居于传统、相对封闭的社区的妇女要想确立起女性主义所言的妇女自主性，就必须跳出自己生活的家庭，将自己从社区的"社会人"变为广义的"社会人"，开放自己的心态，拓宽自己的

---

[1] HFQ 的材料来自 2002 年、2005 年、2006 年、2010 年、2021 年我们团队对她的访谈。

眼界，需要找到更多的与自己生长于其中的社区不一样的参考群体以供学习，还要善于总结经验，同时，又能在经济上取得自立。

四、小结

第一，虽然本文中的案例来自不同地区和不同时间段，但是因为我们团队一直跟踪着其中的大多数村落，所以笔者可以相当肯定地说，由于上文所言的"文化滞后"和习惯势力的作用，对于仍生活在乡村社区的普通妇女来说，她们持有第二种性别视角的情况至今尚未得到根本性的改变。

第二，如上文所引笔者在《理解普通妇女与她们的生活世界》的阐述，在田野调查中，我们要更多地关注普通妇女的生存处境以及她们赋予自己行动的意义，因为她们是妇女的多数并且是"城乡社会基础的重要组成部分"，只有真正了解了她们才能谈得上全面、历史与结构性地认识中国社会，尤其是认识中国社会在变迁中没有被改变的"社会底蕴"。

第三，性别视角，不管是女性主义的，还是男权主义的，都是一种客观的存在，就如同人分男女一样。但是一个人落生和成长在一个什么样的社区则是"命"，是一种舒茨所言的"预先给定性"，是这个人无法选择的。这也是一个人将某地的社区情理当作理所应当的规范和观念内化于己，用以选择和评价自己和他人行为的原因。但这样的社区情理对行为的评价标准必然包含性别视角，由此去考察社区中妇女的行为选择和行为特征，就会发现其所具有的社会学意义，并进而可以去挖掘在社区情理中属于"社会底蕴"的那一部分，达致深化对社会的认识之目的。

中国的"社会底蕴"：田野经验与思考

杨善华、孙飞宇

一、问题的缘起

在过去 150 年的历史中，中国社会[1]与传统文化所面临的一个巨大挑战，就是在西方文化与全球现代化的浪潮中如何自处，即自我认识与定位及其延续性的问题；可以说，自清季以降，它始终是中国学术界的一个核心焦虑。[2]

---

[1] 本文使用了"中国社会""中国乡村社会""中国基层社会""乡土社会"四个概念。"中国乡村社会"既包括中国历史上传统的乡土社会，也包含目前正在经历现代化进程这一巨大社会变迁的乡村社会；而"乡土社会"仅指历史上以血缘和地缘关系组成村庄基本社会关系网络的传统乡土社会；"中国基层社会"或"基层民间社会"则包含城乡以社区为依托的基层社会；"中国社会"是一总称。

[2] 笔者认为，这里实质性的问题是，中国在现代化进程中，应如何看待何为传统这一问题。可以说，五四新文化运动的兴起表明了当时主张革新的知识分子对中国传统文化的否定。而发生于 1980 年代下半期的关于中国文化的讨论因其对"文革"的反思，大多数参与讨论的知识分子都表现出对上述五四精神的继承。我们认为，1980 年代对于中国文化的讨论，并没有像今天一样，有着丰富扎实并且长时段的对中国基层社会的调查研究和深入理解。但当我们去（转下页）

不过，从世界范围来说，这并非独特的问题。**在社会学历史中**，欧洲经典社会学在 19 世纪末 20 世纪初的核心问题，也是在现代化这一巨大的社会变迁过程之中，如何面对传统与再造道德秩序的问题。当时，经典社会学家们，无论是涂尔干（Émile Durkheim）还是韦伯，都以社会学之名，提出了与其他现代性学科[①]截然不同的研究路径和取向：直面社会自身的运行机制及其变迁的可能性（也包括这两者之间互动的可能），并在此基础上讨论道德秩序之可能性等问题。不过，无论学界以何种方式来形容和理解，中国社会的现代化过程与现代性，都会展现出与西方社会学中的现代化与现代性截然不同的特征。

（接上页）理解中国社会时，不仅需要关注精英，也需要关注民众，因为恰恰是这样的普通老百姓才构成了中国社会中人口的大多数。通过在此基础上的理论反思和比较，才能相对客观、真实地看待中国社会的传统和传统文化，才能对传统和传统文化在中国社会中所起的作用给予客观和全面的评价。本文提出的"社会底蕴"概念旨在揭示当下所看到的种种社会现象与行动背后的深厚社会底蕴，也即使得这些现象与行动成为可能的力量。在这一点上，我们更为关心的是传统与现代的关联及延续性。在传统与现代的关系问题上，本文认为，传统并非意味着某个固定的"过去"，它参与建构"当下"，并可以作为积极有意义的组成部分。

① 现代性学科是指在现代社会兴起，其出现及学科性质都具有现代性特征的诸种社会科学，如历史学、社会学、经济学、政治学和人类学。参见华勒斯坦等：《开放社会科学：重建社会科学报告书》，刘锋译，北京：生活·读书·新知三联书店，1997 年，第 16 页。

例如，与上述问题相关，中国社会学重建 40 年以来的核心问题视域之一，即是 20 世纪中国国家与社会之间的关系。作为现代性的标志之一，民族国家在建立过程中与民间社会及由其维系的传统发生了何种碰撞？在这一过程中，传统是否得以维系，其表现又如何？传统社会与国家力量之间的互动机制为何？这些不仅是中国社会学重建以来的问题，而且在费孝通、瞿同祖等中国早期的社会学家那里，也都是一个核心议题。这同样也是我们在长期田野调查中所讨论的重要问题。在调研中，我们首先发现，对国家力量向民间社会的进入和渗透这一问题的讨论，不能一概而论。在某些领域，国家力量的进入基本是成功的。但是在以家庭和家族为依托的私人领域，则往往会遇到困难。在一系列与此相关的案例中，我们发现存在着某种不为"国家""制度"等现代性视角所认可，却以极为具体的方式存在并发挥作用的力量。如何理解这一力量及其运行机制？倘若我们承认国家在基层社会的进入是有限度的，亦即存在着一种用"国家-社会"视角难以完全概括和理解的空间，那么或许需重新反思社会学重建以降的核心问题所预设的种种前提。进而，这甚至还会关涉今天究竟应该如何建设社会学的方法论这一层面的问题。例如，通行的方法论预设了哪些前提？这些前提又是基于何种"土壤"被视为理所当然的？这样的研究取向和视角在取得丰硕研究成果的同时，又遮蔽了哪些理解"社会"的可能性？秉持这一态度和反思性视角，在长期经验调查的基础上，我们尝试以对"社会底蕴"这一概念的初步探讨为例，反思社会学在学科化视角下的问题，以及在这一反思中，以一种"面对事实本身"的态度来理解乡村社会得以运行的内在机制。所谓"社会底蕴"，主要是指在历史的变迁过程中，在国家力量进入民间社会的过程中，那些在"难变"的层面上体现为"恒常"，却往往在社会科学的研究中被习惯性忽视的东西。它可以表现为意识层面的结构性观念，也可以表现为一些非正式的制度（风俗习惯），或者是与道德伦理相联系的行为规范。我们认为，这些东西构成了中国的社会底蕴，成为理解中国社会的起点。

中国社会学重建以来，国家与社会问题在国内社会学界同样得到了重视。例如，孙立平和郭于华曾讨论在诉苦过程中农民的国家观念的形成。[1] 在该研究的最后，两位作者均指出，对于这一问题，尚需详细探讨。与这一研究相

---

[1] 郭于华、孙立平：《诉苦：一种农民国家观念形成的中介机制》，《中国学术》2002 年第 4 期。

关，姚映然在题为《受苦人：骥村妇女对土地改革的一种情感体验》的论文中（以下简称姚文），通过记录和分析普通农村妇女对"土改"的回忆，对该问题做了进一步探讨。如姚文提到"土改"留下的关于民兵连长老刘的记忆：土改时期，他曾强娶某地主的女儿，并因此被村民负面评价。[①]

　　姚文的意义首先在于，它提出了这样一个问题：在经过了半个世纪的风风雨雨后，土地改革这场席卷全国的斗争，在普通群众的记忆中到底留下了什么？从田野调查看，在正式制度和行为规范层面以及村庄公共生活领域，国家力量成功地进入了农村。因为不管从行政建制还是乡村干部的选拔乃至村庄社会分层的改变来看，国家政策都得到了贯彻。一大批出身贫苦、对阶级斗争持坚决态度的积极分子加入共产党并被提拔为乡村领导干部，成为国家在乡村基层的代理人。赵力涛认为，一个村庄从空间上可以划分为"公共空间"和"私人空间"两部分，由国家（现代性）力量支持的话语进入公共空间相对容易，但要进入以家庭（家族）为依托的、有一大堆"婆婆妈妈"的家务事和家长里短的矛盾纠纷的"私人空间"，乃至老百姓的观念和意识

[①] 姚映然：《受苦人：骥村妇女对土地改革的一种情感体验》。

层面，则要困难得多。[①] 由此可以看出，无论当年的社会背景及生活形式如何，在村落意义层面，还有另一种支撑体系。

老刘是民兵连长，从公共领域看，他是值得信任的；但从私人领域看，他没有得到村民承认。村民评价他时运用的是乡土社会的道德标准。[②]

如何从社会学的角度来理解"另一种支撑体系"？一般意义上，从社会学当前的传统来说，只有那些能够进入"国家"或"社会科学"的视野中并有能力与其进行对话、合作或是对抗的元素，才有资格成为"历史"或"事件"。甚而，连"社会"这一概念，也已经预设了某种框架体系和思维定式。但"另一种支撑体系"的力量在现代意义上的"国家"概念形成之前即已存在，并且在上述现代学科意义上的"历史"形成之后，在与国家力量的对张中发挥了重要作用。这一对张的具体形态，连同本文讨论的社会底蕴的种种内涵，都已经被许多研究所关照到。但在反思学科的种种"无意识"的视角下，它们又会呈现出何种面貌？会以何种方式参与到社会的整体性变迁之中？这是我

---

① 赵力涛：《家族与村庄政治：河北某村家族现象研究》，北京大学硕士学位论文，1998年。

② 理论上，国家力量与国家政治的道德标准，并不能与乡土社会的道德标准混淆。尽管二者在许多层面上是一致的，但在有些时期，二者之间显然存在冲突。

们希望与"社会底蕴"概念一起加以讨论的问题。

我们在社会调查中运用的方法是深度访谈法。我们试图在深度访谈中，"悬置"社会科学研究中的"现代性"视角与"国家-社会"视角，从被访者本人的生活世界角度，理解其行动的意义，并在这一基础上，理解构成中国社会运行机制的某些"恒常"。我们想要讨论的，是一种生活在群体中的丰富而具体的人，而不仅仅是国家治理的对象或者社会科学研究的对象。透过纷繁复杂的社会现实现象，我们或许可以去考察社会得以成为社会的基本可能性、中国乡村社会的日常生活中蕴含的"历史"背景，以及这一背景在新时代中的新形式。

从这一研究目标出发，我们将普通民众的日常生活作为研究的切入点。在此，我们所关注的研究对象是在中国城乡社会中占人口多数的非精英群体，即普通居民群体。他们既非政治精英，也非经济精英与文化精英，却是城乡社会基础的重要组成部分。他们的人生轨迹与日常生活可以折射出现代中国尤其是1949年后的社会变迁的深入影响，以及这种影响所无法达到的部分。在他们的意识观念和日常行动中，积淀着用"国家-社会"的视角或者纯粹的社会科学视角所无法进入的部分。纯粹的学科性视角的凝视，往往就会使得"底蕴"从这一目光下漏掉，从而无法实现聚焦。社会学越"科学"，量表和统计数据使用得越纯熟，这一习惯性的无视就会越明显，就会使得社会学越发成为"外部性"的学科。而对于那些在中国社会中占了人口大多数的、构成社会主体部分的普通老百姓来说，他们的生命过程，他们的喜怒哀乐，他们在日常生活中最为琐碎和普通的行动，以某种看起来肤浅，其实却深刻的各种形式，事实上体现出了社会的底蕴。我们要考察在中国社会急速变迁的过程中，有哪些方面可以被视为"恒常"，而乡村社会正是我们讨论的起点。

二、生活的智慧

如果不从某种分支社会学的视角出发提出问题，而是从乡村社会这一起点出发，以这一研究态度进入研究对象的空间，我们立刻会发现自己置身于一个整体性和实践性的生活世界。在这里，所发现的社会底蕴的第一个也是首要的内容，就是关于生存或生活的智慧。人如何生存下去，或者以何种方式生存下去，这是思想史上最为久远和核心的问题。不过，这样一个对每个行动者自身来说都切身当下的问题，却往往会在社会科学的研究中滑落。就生存本身而言，在古今中外的各种社会形态中，都存在着丰富的民间智慧。具体到中国而言，生活的智慧有何种表现形式？又在何种程度上成为理解中国社会底蕴的起点？这是我们首先观察到并试图讨论的问题。

我们在中国农村所做的田野调查，其访谈对象大多是最为普通的农民。也正因为如此，我们确信，在调查中所遭遇的诸多案例，能够体现中国乡土社会的某种普遍性。在调查过程中，农民在日常生活中所表现出的生存智慧给我们留下了深刻印象。这种智慧既有政治层面的，反映出乡民应对乡村复杂而微妙的政治生活时的洞见，以及进可攻退可守、时刻给自己留有余地的睿智；也有日常生活层面的，反映了乡民在应对捉襟见肘的家庭经济以及错综复杂的关系网络时筹划深远、处事周全的精明。

2002 年 1 月，笔者在四川某县访问村民老雷。老雷当时 66 岁，自述贫农出身，没有上过学。1950 年代参过军，复员后曾被安排在成都火车站就业，但因交通不便，通知没有送到，他错过了机会。从此，老雷一直在村里当干部，担任过生产队长、治保主任和村主任，一直到 1984 年。他自述工作中遇到"伤心事"，就萌生了退意。适逢 1984 年村干部选举，该村要选五人。因为是差额选举，所以候选人要多一个。老雷在做选票时就把自己的名字排在第六位。他自己说当时选票还送到乡里去让乡长审查，乡长没有发现问题，就同意按此选举。结果村民在画选票时就按前五个画，他很顺利地被"差"了下来，乡里的书记知道这件事还把乡长骂了一顿，但这个结果已没法改变。这一事件中，老雷充满了乡土智慧的行动有着鲜明的社会学意义。因为要在上级领导的严密监控下名正言顺地让自己"下台"，必须要洞悉权力运作的盲点和村民心理。

2009 年夏天，我们在宁夏银川市郊区访谈 68 岁的老李。他自述父亲早逝，作为老大，底下有两个弟弟、三个妹妹；而他自己也有五个孩子，老大、老五是女孩，中间是三个儿子。他非常自豪的是他帮着妈妈把弟妹们都拉扯大，并帮他们结婚成家。之后，他自己的三个儿子也都结了婚，女儿也都出嫁了。他自己说是"养了五个儿子。五个儿子、五个女儿，相当于十个，我这辈子就操心这十个人的成家了"。根据农村习俗，儿子结婚必须有房。我们问他房子怎么解决的，他说是自己盖的，木料是自己的，而木料的来源是种树。他自述在自己结婚、有孩子后，"就在自家田旁边、路旁边植树。杨树柳树什么的，这几个娃长大了，树也长大了。种的时候就是为了盖房子"。对于老李这样的普通农民，要给两个兄弟、三个儿子张罗婚房是非常困难的事情。他的行为表现出一个农民长远的眼光和精于筹划的头脑。

这样的生活智慧来自个人对周边社会环境的认知以及对他人人生实践的体悟与总结。邓正来也提出了"生存性智慧"这一概念，并认为这"乃是人们在生活实践中习得的、应对生活世界各种生存挑战的'智慧'"，它"在时间上既是传统的，又是当下的，甚至还经由想象而成为未来的，是中国传统文化当中一直存在并流淌在中国人血液里的一种哈耶克意义上的'默会知识'"，"它为人们在各种情形中行事提供了一种一以贯之的指导，但它却是独立于理性之外，并通过学习和阐释的经验、通过那种由中国式家庭教育这类制度传承下来的文化传统而产生"。①

以上"生存性智慧"特征，都为我们所赞同，但笔者认为其一个不足之处在于，在分析生存性智慧的特征时没有进一步探讨这种智慧产生与赖以长期存在的原因，虽然邓正来在指出它被用来应对生活世界各种生存挑战并提供一以贯之的行事指导时，已经有所涉及，但是这一讨论尚显不足。

① 邓正来：《"生存性智慧"与中国发展研究论纲》，《中国农业大学学报（社会科学版）》2010年第4期。

与邓正来的讨论不同，我们所关注的，仍属中国乡村社会中的传统社会力量在个体身上的体现。在调查中，我们发现，邓正来所谓的生存性智慧所赖以发生并得以长期存在的原因，在于农民在其环境中生存、繁衍（包括其中的情感）与发展的基本需求。中国文化将"下以继后世"作为夫妇双方对于祖先的"神圣义务"，[1]并将这一自然欲求礼仪化，使其不再以快乐为基本目的，而只是以社会伦理的执行为要求。[2]

正是这种需求导致了农民在乡村社会生活中，争取和维护保证自己生存、繁衍和发展的资源，规避危及自己生存和发展的风险。这是我们对于中国传统社会中人性的社会学理解。而爱欲及其在礼仪中的表达如何获得满足，则是生存性智慧所发挥作用的空间。如果将上述两个案例放置在一个具有历史的乡土社会中来考察，那么就会发现其本身独具的丰富性。

例如，老李案例表现了一个基层农民是如何通过"普通"的智慧来解决生存和家族延续这一问题。而老雷案例

---

① 参见瞿同祖：《中国法律与中国社会》，北京：商务印书馆，2010 年。
② 李安宅：《〈仪礼〉与〈礼记〉之社会学的研究》，上海：上海人民出版社，2005 年，第 43 页。

则更为丰富一些。老雷的选择和操作，体现了他对于中国"社会底蕴"的认可及其生存性智慧的发挥。

这一生活智慧的发挥，不仅与生存有关，也与个体在其所处社会空间中的相互交往有关。在中国历史中，对于如何通过人与人之间的交往，在保证自己及其所置身的社会群体的安全前提下满足个体需求，进而在人与人的竞争中"登"上较高社会地位以满足"权势欲"，[①] 我们的祖先积累了丰富的智慧。它反映在我们历朝历代的正史野传中，也活在老百姓创造的民间谚语俗话中。可以说，我们所能感知的现实中，这些流传下来并至今仍鲜活的东西，无一不是在经过了无数人的实践检验后才被保留下来。只有被无数次实践证明是有助于满足人的这些根本需求的观念和见解才能被称为生存智慧。而在观念层面与行为规范层面的生存智慧，显然都在"社会底蕴"范围内。如前所述，

---

① 恩格斯在对黑格尔的分析中指出："在黑格尔那里，恶是历史发展的动力借以表现出来的形式"，恶在这里有两重意思，"一方面，每一种新的进步都必然表现为对某一神圣事物的亵渎，表现为对陈旧的、日渐衰亡的、但为习惯所崇奉的秩序的叛逆，另一方面，自从阶级对立产生以来，正是人的恶劣的情欲——贪欲和权势欲成了历史发展的杠杆。"（《马克思恩格斯选集》第四卷，中共中央马克思恩格斯列宁斯大林著作编译局编译，北京：人民出版社，2012年，第244页）我们在此并非是在社会发展的意义上使用"权势欲"这一概念，而是借此表达社会竞争与满足自我发展需求的欲望。这一欲望，构成理解中国传统社会中诸多现象的线索之一。

这一智慧在中国乡土社会中的首要体现，即在于"家"这一重要社会结构。在社会底蕴概念中，我们还试图从中国传统的家文化出发，将"家本位"视为对于上述中国人性讨论的拓展，并在此基础上，阐述乡土社会在生存和发展意义上的核心组织原则及其运行机制。

三、"家本位"文化与集体主义

"家本位"作为生活智慧在中国传统中的具体体现，在传统社会中发挥着极为重要的功能。如上所述，以生存为目的的智慧在中国社会中的主要体现，就在于家本位的文化及与此有着紧密关系的集体主义。中国既没有西方那种严格意义上的宗教，也不以"上帝造人"来解释人的本初之源，所以对于"我是谁，我从哪里来，将要到哪里去"这类事关"终极关怀"的问题，中国人以家族制度为基础的"家本位"文化来回应。林语堂指出："使种族稳定的文化因素之一首先是中国的家族[①]制度。这种制度有明确的

---

① 在学术研究中，有学者坚持采用"宗族"提法来指涉这一按男系血缘关系组织起来的社会群体，另有学者用"家族"这一提法，我们认为这两者可以通用，但"家族"相对更符合当前状况。

定义和优良的组织系统，使得人们不可能忘记自己的宗系。这种不朽的社会组织形式，被中国人视为珍宝，比任何其他世俗的财产都宝贵，甚至含有一种宗教的意味。向祖先表示崇拜的各种礼仪，更加增强了它的宗教色彩。对这套东西的意识也已经深深地扎根在中国人的心灵之中。"[①] 就终极关怀而言，家族已起到应有的作用，但以往中国家族的研究告诉我们，家族还有保障族人生存以及在族内扶贫济困的作用，以解决族人的生存问题。若有能力，它也会兴办家族的学堂（私塾），解决族人受教育以及发展问题。而且，从加强凝聚力从而保障其发挥作为社会组织的作用来说，以族人间天然的血缘联系组织起来的家族显然是成本最低的。这使家族成为农耕社会一个相对封闭的乡村社区中最基本的组织形式，也使家族成为族人在建立自己关系网以获取生存和发展的资源、构建生存和发展之保障时的首选。显然，家族作为一个属于"私"领域的社会组织之所以"不朽"，是因为它能满足人们的根本需求，而且从中获得资源时成本相对较低；更重要的是，它提供了一个亲情的环境来满足人对情感的需要（"血浓于水"为此做了最

---

① 林语堂:《中国人》，郝志东、沈益洪译，上海：学林出版社，2002年，第47—48页。

好注脚），这是其他任何社会组织无法与其比拟的。

自西周以"敬天法祖"理念创立宗法制度，将祭祀权与继承权结合在一起，创建了诸侯臣服天子的大一统国家政体以来，家族（宗族）在经历了由贵族化向平民化的转变后，成为中国城乡社会生活不可或缺的组织与结构，特别是在明清两代，家族（宗族）成为中国社会最基本的社会单位。

但自清末起，中国农村以"敬宗收族"为目的的宗族制受到强烈冲击。由于士绅阶层的衰落和劳动力的流动，家族及其所属家庭与中央政权的联系被削弱，从而增加了当时中国社会结构的不稳固性。[1] 精英向大城市的流动则削弱了家族的基础，使家族不能胜任原有的社会功能。另外，国家政权建设的推进和越来越多地在农村地区立足的新型社会组织也在不断地削弱原属于家族的权势，最终可以看到的是，中国农村以"敬宗收族"为目的的宗族制全面走向衰落。[2]

---

[1] 杜赞奇：《文化、权力与国家：1900—1942 年的华北农村》，王福明译，南京：江苏人民出版社，2008 年。

[2] 杨善华、刘小京：《近期中国农村家族研究的若干理论问题》，《中国社会科学》2000 年第 5 期。

1949 年中国共产党领导的新民主主义革命的胜利，导致以"敬宗收族"为目的的家族与宗法制度的又一次重大变化。

　　不过，在调查中我们发现，家族观念与家族活动并没有随着这样巨大的社会与政治变迁而简单消失，而是以其自身的种种特质，卷入了新的社会与政治形态之中。家族或宗族的深厚基础在于，作为一种社会组织，它形成于以血缘为基础的先赋的社会关系中。相对封闭的世居和人们在生活中的各种来往和联系强化了有关家族的意识和观念，在农村中常见的人们为争夺各种资源而产生的斗争和冲突则明确了家族或宗族的边界。[①] 我们发现，即使在计划经济时代，家族作为一种社会群体仍构成了农村社会的主要基础。这一基础影响了新的基层政治形态的结构。在很多地区的多姓村里，基层领导（县和公社的领导）都会在安排生产大队这一级领导班子时注意到村中各个姓氏之间的平衡。家族意识还表现为农民日常生活的各个方面，体现在农民与其"亲戚"之间婚丧嫁娶、迎来送往的活动中。从众多的调查看，家族的关系网络一直是农民寻求资源和帮

[①] 杨善华、刘小京：《近期中国农村家族研究的若干理论问题》。

助时的首选对象。

在 1980 年代，中国农村中的政治意识形态开始淡化，基层政权在农村的组织作用有所削弱，在不少地方的农村中出现家族（宗族）组织公开恢复活动或重建的现象（在南方农村与北方农村，其表现方式有所差异）。这是因为以血缘关系（有的还辅以姻缘关系）构成的家族关系网络在中国社会一直存在。

由此，我们在观念、行为规范以及行动层面确认了家族（宗族）作为社会制度和私领域中社会组织的持续存在，如果略过"器物"这一层面（家族的外显表现形态，例如祠堂、族谱、族田等），那么上述观念与行为规范，或因如林语堂先生所说"含有一种宗教的意味"，已形成"家族文化"。而这种家族文化，在 1949 年后，依然在基层的乡土社会中延续，并成为新的国家建制与各种政治运动中，一个不可或缺的或隐或现的维度。在中国传统社会，个人与家族存在这样一种关系：个人的生命，包括躯体，直接来自父母，间接来自祖先，个人必须珍惜。[1] 个人及其家庭在

---

[1] 例如，"身体发肤，受之父母，不敢毁伤，孝之始也"，参见侯仰军译注：《孝经译注》，北京：中国文史出版社，2012 年。

尘世的生活，有赖于祖先的荫庇和保佑才能顺利与兴旺，[①]个人活在世上的意义就是完成祖先或家族赋予的责任，其中最重要的是延续香火（"不孝有三，无后为大"）和保住家业。作为个体，虽然生命短暂，但家族生命靠世代绵延却获得了"永恒"。生与死、阳与阴，得到中国式的解释。如此，一个普通人可以坦然面对即将到来的死亡；对个体而言，死只是改变了与他在一起的亲人而已，并没有改变其存在。[②]

　　个人与家族的此种关系也决定了这种文化是家族至上的，因而也是集体主义的。因其在中国人生活中的重要性，笔者称之为"家本位"文化。笔者在城乡田野调查中发现这一文化具有以下特点：（1）在家庭成员与作为整体的家庭的关系方面，强调家庭高于个人，个人利益应服从家庭利益（当然，家庭也必须考虑满足家庭成员的个人利益，但这是次一级的考虑）；（2）强调每个家庭成员对家庭所负

---

① "祭祖"表现为活在世上的后辈对死去的祖先的尊重、敬畏及对祖先功德的缅怀，表现为他们对祖先规定的任务的重视；祭祖亦是向祖先报告在阳世的后人的团结，这是生者与死者的交流，而在这样的活动中，已明确表示祖先会永远活在后人心中。这样，祖先才有可能继续庇护后人。

② 苏阳记述了1992年在甘肃农村实地考察孔姓一个分支的祭祖仪式，他十分惊奇地发现一个七旬老者兴致盎然地在神主图（家谱的一种）上指出了将来填写他名字的牌位。这意味着此老者死亡后会变成家谱上按世系排列的一个符号而为后人纪念。参见苏阳：《敬祖祭祖活动中的村民与组织——1992年对中国西北孔姓山村的实地调查》，《社会学与社会调查》1993年第1—2期。

有的责任，并且认为这种责任应伴随家庭成员生命的始终；（3）"家本位"既包含了"家庭本位"，也包含了"家族本位"，即所有的家庭成员都负有对家庭所归属的家族的责任与义务，"光宗耀祖"即为此义。

这种文化对中国社会的深远影响，就是中国人总有在正式关系（比如上下级）之外形成非正式关系的趋向，如"拜把子""认干亲"这种低成本的"拟血缘关系"成为民间社会的首选。这一现象在社会转型过程中，在新的社会道德秩序并未建立起来时，往往成为构建人际关系的一个重要选择。在某种程度上，这种关系可以看作家内人际关系的"外化"，其首要目的是生存；此外，这一关系还为传统社会的"家国同构"形态在现代社会的演变提供了一种新的理解路径。

如前所述，我们在调查中寻求的是，在社会制度与普通民众之间的互动过程中，新的制度形态与新的社会人是如何被塑造的。我们发现，国家力量在进入基层社会时，与地方传统纠缠在一起。在传统的家国同构社会形态中，皇帝作为国家的最高统治者既是君主，也是臣民的父亲，被尊称为"君父"，而百姓则为"子民"。新中国成立后，在计划经济年代政府教育农村群众正确处理国家利益、集体利益与家庭利益之间关系时，推出这样的口号："大河有水小河流，国有社有家才有"。而正是在这样一种新型的家国同构体系中，传统家族文化的伦理，在现代化变迁过程中，隐秘地保存下来，并以新的形态发挥作用。

四、人缘、口碑与道德分层

家本位与集体主义固然是理解社会底蕴的重要部分。不过，在中国乡村社会中，在家族之外，还存在着一套处理人与人之间关系和维持社会运行的机制。这套机制在家族之外，构成了我们所理解的社会底蕴的另外一个重要部分。甚至可以说，它也是生活智慧的一种体现。不过，要理解这一机制，首先需从对"关系"这一概念的理解入手。阎云翔从"礼物"这一视角切入，对中国人的互惠关系做了全面和深入的讨论，尤其是在对"关系"的工具性功效和社会意义的分析方面。然而，我们对于农村制度化的理解与阎云翔的理解有所差异。① 我们发现，阎云翔并没有

---

① 阎云翔在《礼物的流动——一个中国村庄中的互惠原则与社会网络》(李放春、刘瑜译，上海：上海人民出版社，2000年)的"中文版自序"中明确提出，他关注的是"农村社会那种有序而又'非制度化'的特点"，但他并（转下页）

将对关系的讨论与对人性的讨论联系起来，虽然其"结论"用"社会主义、关系、人情与礼物"作题，表明他意识到"人情"及建构与维系"关系"之间联系的重要性，在讨论互惠原则时，也涉及村民通过互相送礼来维系关系网、借助互助形式获得生存和发展所需的各种资源的问题，并考察社会传统在新的政治形态下的表达机制，但阎云翔并没有深入探讨之。

当将"关系"与人性联系在一起时，或许用"人缘"这一概念更为妥当。"人缘"有多重含义。首先，它是对人的一种道德评价，而且与被评价者的"做人"方式相联系。当一个人被评价为"人缘好"时，第一层意思是这个人会做人，通人情世故，即他不会做让别人难堪和不快的事情，知道"到什么山，砍什么柴"。在这个意义上，这样的人会被称为"乖巧伶俐"。

其次，好的人缘一定是要靠当事人牺牲自己利益、帮助别人"做"出来的，即人缘有当事人的能动性在其中。"各人自扫门前雪，莫管他人瓦上霜"撇开"修齐治平"含

（接上页）没有解释制度化。我们可以看到阎云翔的制度化是法制化、科层化和理性化，并被大众严格执行。笔者认为，中国农村社会中的有序恰恰是村民行为被制度化的结果，只是这种制度化是非正式的和非科层制的，带有很强的"风俗"色彩和特征，与阎云翔心目中的制度化有很大的区别。

义，其实说的是在中国做人的底线：你可以自利，但不能损害别人的利益。然而这样的做法是不会得到好的人缘的。要想人缘好，那就得让他人得到好处，也就是说要"帮人"，或者要维护多数民众的利益。

再次，人缘好意味着关系网络的强大。这就回到"关系"的本义：第一是当事人可以有很多在他需要时就能够得到的回报；第二是因为人缘，他获得了可靠的安全保障。所以人缘好必定树敌少并且还会尽可能地化敌为友。

最后，好的人缘还来自当事人有意识的经营。除帮人外，"不轻易得罪人"和"待人处事尽量留有余地"这两条中国古训是必须遵守的。如笔者曾在农村实地研究中提到巴村一位郎大姐的行为。因为她家在村里是小姓，所以在村里选生产队长时，她对两个候选人都投了赞成票，她自己说这是因为"没有三十年的河东，也没有三十年的河西"，不要把事情做绝了。

在中国农村的民间社会中，当"人缘"作为"缘"还仅属于两个人或两家之间的互动时，其特点并不特别彰显——它只是一对当事人或他们的家庭对另一方之为人处世的感知与认识。但等当事人将这种感知与认识变成评价说出去时，它就会与周边人对这种互动的观察和感受结合在一起，变成舆论在社区中流传，成为对某个当事人及其家庭待人处事的评价，即通常所谓的"口碑"。在某种意义上，可以把口碑看作民间话语中的"人缘"。口碑的重要功能是它可以进入村庄的集体记忆，从而使某个人或某一家的口碑，无论好坏，都变成村庄观念层面的"印象"。我们在田野调查中有时也会听到村民对某一家人的负面评价。然后就会发现村民会如数家珍地一直追溯到他家去世的先人，说从他家太爷爷起，就不怎么样。因此，一个人或家庭若是背负了道德污名，就不是一辈子，甚至几代人能彻底洗刷的。我们在河北 P 县农村曾多次访问一个企业主，他在村里是头等富户，但只要说到自己，他就会带点自嘲："我就是个反面教员。"这是因为他有过一段婚外情，并且其情人是军人家属，与他在血缘上也没有出五服。这不仅违反了国家法律，也违反了村庄的社会规范，他为此曾受过处分。此事虽过去十多年，但这件事情里的"理亏"对当事人依然具有较大的影响力。

上述案例与本文开篇所讨论的案例有异曲同工之处。它们给我们的启发是，在村庄中，政治和经济的分层，与道德分层并不相同，甚至会截然相反。陈文玲将此归结为村庄的第三种社会分层，即不同于政治分层、经济分层的道德分层，道德分层看重的是名声，即口碑，而且往往不止一代人的口碑。[①] 我们承认一般意义上的政治与经济分层对于道德分层的影响，不过，笔者也发现这一道德分层反过来会影响另外两种分层。在 P 县农村我们看到一个道德上没有污点的"好人家"的儿女在谈婚论嫁时的绝对优势：不管是嫁还是娶，他们都可以找到当地最好的人家。对另一方来说，找一个"好人家"，也可以给自己和自家挣足"面子"。

五、面子、攀比与社会竞争

如果说家本位的文化和"人缘、口碑和道德分层"这套运行机制都与基本的生存需要密切相关，并构成了社会底蕴的重要基础，那么在这一基础之上，还存在着某些社会性因素，与村民进一步发展的需要密切相关。在一个村庄的共同体社会中，村民之间的熟人关系，必然会与上述的道德分层结合在一起，给每一个村民都带来压力。我们发现，这些社会性因素，可以用"面子、攀比与社会竞争"

---

① 陈文玲：《集体记忆·村庄舆论·社区秩序——对河北 P 县郓家庄农民日常生活的一个历史性考察》，北京大学博士学位论文，2008 年。

来总结。

　　学界对于人情、面子等方面的讨论，已经有了很多成果。不过，正如前述所述，这些讨论大多要么是从"国家-社会"的视角，要么是从"社会科学"的视角出发，将其视为在社会学意义上的社会机制或者国家、制度视角下需要加以"匡正"的"冗余"。不过，如果从一种整体性的视角出发，将其作为一个整体的社会的有效组成部分，那我们对于它们的理解或许会更加切合行动者自身的世界。

　　2004 年我们在山西 Y 县农村访问过一户人家，我们问被访人什么开支最大，他回答说人情开支，一年要 3 000多元。根据当地的送礼标准，这个开支确实较高。他解释说，这是因为他的兄弟姐妹是八人，而他妻子的兄弟姐妹是九人，当时这些兄弟姐妹的孩子都到了嫁娶和生育的年龄，结婚要办酒，生孩子也要办酒，所以开支很大，也很无奈。我们能够理解他的处境。虽然"受罪"，但这个钱不能省，否则就会断了和某个兄弟姐妹的关系，还要被村里人笑话，这个面子他丢不起。从这个案例可以看出，面子、人情、攀比等等都与生存性的智慧、家本位文化有着普遍而直接的关系。这是一套整体性的内在逻辑。

　　在某种程度上，面子表达的是个人对他人给予自己的肯定和尊重的需求（而要实现这种需求，个体就必须使自己的行为符合社会主流的规范，从而与大多数人保持一致），以及个人对自己"沦落"到社会"底层"从而被周边人看不起的恐惧。"闻过则喜"需要自信和勇气。

另外，得到他人，尤其是比自己地位高的人的肯定，在某种程度上也意味着现有社会地位的稳固甚至提升，这不仅满足了当事人感到自己超越他人的虚荣心，也意味着他未来有可能会因此得到更多的资源，从而在社会地位方面进一步超越他人。而失去面子，则意味着有可能因为得不到他人的肯定和承认而出现地位下降，甚至被社会打入另册，从而跌进社会"底层"。这不仅意味着当事人"人生之旅"的失败，也意味着当事人愧对祖先的嘱托。在这个意义上，当事人的面子与其做人的成就以及这种成就是否得到他人的肯定相联系。

在中国人的社会生活中，面子常和竞争关联在一起，而竞争在中国最常见的形式是攀比。在中国农村社会，攀比的内容无一不与个人及其家庭成员的人生成就相关。而这都与生存和发展的基本人性要求有关。在改革开放后，攀比也表现出时代特色。我们在调查中的普遍发现是：人们第一比盖房；第二比儿子结婚娶了什么样的媳妇，婚礼的排场大小，参加者的级别；第三比有没有生出孙子，以及儿女乃至孙子女出息如何。作为中国城乡社会中现实的人，为了面子他们不能不参加这样的攀比（竞争）。

六、中国传统文化对中国社会的深远影响

我们从观念、制度、风俗习惯和伦理对"社会底蕴"概念做了一个初步探索。可以看到，被5 000年中国社会经历的风风雨雨洗刷和筛选而留下的这笔具有深刻精神内涵的文化遗产，之所以能传到今天并且继续在中国社会中发挥其应有的作用，首先是因为它具有能满足人的根本需求和践行成本相对较低的特征。其次，在社会变迁的历史进程中，这些传统的社会底蕴并非以一种消极对抗的形式出现，而是一种不断与新的历史条件相结合，并由此不断生发出建设性和包容性的面貌。如前所述，这一特征对于理解中国社会的现代化历程，以及建设具有中国主体性特征的社会学具有重要意义。自清季以降，在学界存在着关于传统和自我认同的种种焦虑，我们在调查中发现，民众早已通过自身在日常生活中的行动和选择对此做出了回答。

中华民族，在历史上饱经战乱之苦，近现代又因多次

遭受外敌入侵而灾难深重，是什么样的精神力量支撑着这个民族发愤图强，战胜强敌从而能自立于世界民族之林？我们的传统文化及其在 20 世纪中国社会-政治变迁过程中演化的各种具体形态，堪称我们精神力量的重要源泉。

中国传统文化源远流长，在经历了汉唐盛世后养成了一种内在的大度和自信，这使它能在"和而不同"的前提下实现开放与包容，但这种开放和包容又不意味着它会调整其底蕴。这种社会底蕴是"活"在千百万普通民众的日常生活实践中的。[1] 历史沿革或许会对其造成影响，但是这一影响并不一定是单向的，也并不意味着这一"底蕴"没有价值。中国的社会学，在建设自身传统的过程中，如何认真地反思使得我们做出各种学术判断和秉持各种学术取向的"执念"，并做出有所超越和建设性的努力？或许对于

---

[1] 2001 年笔者在湖南 N 县农村做社会调查，了解到 N 县农村素来重家族，1978 年后，家族又重新兴旺起来。在村里访问时，我们看到每家堂屋与正门相对的那面墙的正上方位置，都有突出的搁板供着木制的祖先牌位，并依据在族中辈分的高低，供到哪一代祖先有所差别。绝大多数人家这面墙上只有祖先牌位，唯有一家（其有两个在外打工的子女），在牌位的左下方贴了一张毛主席的标准像，右边贴着一张毛主席和邓小平握手的年画，而与正墙相邻的右侧墙，则贴着一排香港歌星的照片。这样的空间布置可能是无意识的，可能主人只是按照他心目中孰轻孰重做一个安排，但此种安排却体现了中国文化的和而不同、各得其所的特点。那一排歌星的照片可能是儿女贴的，但在这样一个家庭中，它们也只能被允许贴在右侧墙上。笔者认为这一现象一定程度上体现了中华文化既具开放和包容性，又能坚持自己的社会底蕴。

"社会底蕴"的讨论可以起到抛砖引玉的作用。

　　社会底蕴与现代社会新的构成要素之间的互动机制，以及这一机制影响下中国社会在当下以何种新形态呈现，是在提出"社会底蕴"概念后，应进一步探讨的问题。限于篇幅，我们将这一讨论留待下一步的工作。就此而言，本文希望通过提出这一概念促进社会学对相关问题的深入及系统探讨。

第三章

浸入现场

绍兴B村田野日记

秦　滔

笔者按：

　　自 2005 年起，我所在的研究团队曾多次赴浙江省绍兴市 B 村开展田野调查，聚焦东南沿海地区农村在文化氛围、发展特点等方面的特殊性。本篇日记写于 2023 年研究团队在 B 村调研期间。在本次调研中，研究团队继承了以往工作的经验与传统，并没有提前给出强预设的"选题"，而是通过以被访者生命史为核心的深度访谈，关注每一个生命个体独特的人生道路，去尝试理解并尊重每一个命运选择背后的激情、理性与挣扎。从学术研究的角度看，访谈者意图超越一般访谈"回答问题"的目标，将深度访谈作为"发现问题"的起点，这能够帮助我们更好地从被访者的故事及其自我叙事的话语当中，感知、洞察被访者为自己的选择、行动所赋予的意义，并对其整全的生活世界与其所嵌入的社会结构做出想象。

在本文中，有的人强调"我们没有打工的人"，表达自己决不当雇工的选择；也有的人反复强调自己"城里人""吃工业粮"的身份。这些极其"有意思"的说法，渗透着被访者对自己的命运轨迹、人生选择与社会变迁的看法；这些是我们探究被访者"意义世界"的重要契机，也是我作为学习者不断打磨自身对文本的敏感性的一次尝试。

我们这次去绍兴，跟去年8月去银川一样，其中非常重要的一个环节，是宋婧师姐给我们的任务。在今年4月23号的时候，我们先开了一次行前的讨论会。虽然我2020年去过一趟绍兴，但当时因为语言不通的问题，加上没什么经验，留下的记忆整体比较模糊；所以这次开会的时候，对我而言很重要的一点是，把印象模糊的很多故事再"重温"一遍。

印象中会上提到比较重要的两点，一个是征地的问题，一个是劳务费的问题。这是体现银川和绍兴巨大不同非常明显的两点。在征地的问题上，两地虽然都可能涉及征地拆迁过程中家庭内部财产或经济地位的再分配问题，但绍兴的征地跟银川的征地本身就不是一回事。绍兴没有经历银川从"被动城市化"到"分段城市化"的过程，而且绍兴的非农化进程非常早，因此，在银川发现的种种现象，不论是"以土谋生"还是"以土谋利"，在绍兴都不明显。

另一个是关于劳务费的问题。杨老师说，以前在绍兴调研，我们并不会给被访者提供劳务费。直到有一次，访谈结束得早，发现被访对象不愿意离开，因为他们觉得拿了这 50 块钱，只问一个小时，对不起这 50 块钱。我们才知道，原来村里帮我们给了这笔钱。这一方面体现了 B 村的"有钱"，这种资源的体量是东部沿海和西部地区最明显的区别；另一方面也体现了这里的人"敬业"的性格特点，这种"敬业"的精神也侧面反映出当地居民对经济"交换"这一过程本身及其意义的看重。

跟去年去云南一样，我们这次出发，在交通上也颇为曲折。去年云南面对的主要问题是疫情带来的航班反复取消问题和转机问题，但这一次，是因为正好赶上五一假期，所以铁路的票源非常紧张，再加上 12306 有一套非常复杂的限制非全程购票的机制，导致我们没办法很顺利地买到需要的车票。最后我们分了多批购票。对于第一批大部队，由于无法买到直达绍兴的票，只能先买到杭州东，再通过候补购票换乘到绍兴。

这次购票给了我一个非常重要的经验，即现在买高铁票，往往要反其道而行之，要"买长乘短"。这跟以往绿皮车时代的"买短乘长""先上车后补票"恰恰相反。于博轩和刘佳雨因为毕业论文答辩，要推迟到下午4点出发，然而下午的车次甚至连去杭州东的票也买不到，最后只好给他们买了直达当次列车终点站宁波站的车票，让他们中途提前下车。这是一个很重要的经验，铁路部门为了利润最大化，会限制购票，而只有把终点勾选为列车的终点站，才更容易买到票，当然前提也必须是终点站离我们要去的站不远，这样价格才能在我们可接受的范围之内。

我跟若欣因为上同一节课，那节课当天下午5点要当堂签到，所以我们只能坐当晚的航班。由于五一期间机票整体价格偏高，为了节省经费，我们选择了转机的航线，先飞到了山东东营，但由于遇到了航路交通管制，说是"空域被其他客户占用"，我们后半程的飞机延误，最后大概是将近凌晨4点钟，我们才到达酒店。我们当时怀疑，这个"空域被占用"有可能意味着在举行军事演习。

我们总共访谈了两天，我打算先写W书记。印象中，在我2020年第一次见W书记的时候，我最大的感觉就是，难以下手、"难以下判断"。直到今年出发前，我仔细地读了师兄师姐以往的田野日记，才从过去的文字当中对 W 书记形成了真正的"第一印象"。今年对 W 书记的访谈，非常有意思的一点，在于跟 Z 书记的对比。

Z 书记算是"新官上任"，在第一天晚上的讨论会上，若欣汇报了对 Z 书记的访谈结果，访谈的核心内容是 Z 书记介绍自己的"战略规划"和"成绩"。但不巧的是，第二天上午我们对 W 书记的访谈，恰好就是 W 书记一条一条地把 Z 书记所谈的战略和功绩，在 30 分钟之内，拆得一干二净。

我们去了 W 书记在 DF 电缆厂的办公室，是一栋靠河的小建筑，有一个临河的小院子。楼内东西很少、很整洁，一楼有一排办公室，但似乎大部分办公室还没启用，是空置的；楼内过道上叠放了非常多成箱的怡宝矿泉水。

W 书记的办公室在二楼，书架上放着一张照片，照片上是 W 书记在以前村两委的办公室拍的，照片里非常显眼的是以前老办公室的牌匾，"政通人和"。我印象非常深刻的是，当时第一次来，读错了字的左右顺序，倒给我看成了"和人通敌"。新办公室挂的牌匾是"独鹤于飞"和"美意延年"，这两个似乎就有一些道家的味道了。除此之外，办公室里还看到了理疗仪、血压计、体脂秤等医疗设备。

从"政通人和"到"独鹤于飞"，某种程度上也说明了 W 书记位置的变化给其生活目标、心境带来的某种潜移默化的改变。

W 书记书架的正中间，摆放的是一个大号的红木蟾蜍，蟾蜍的嘴里叼着一枚圆形方孔钱。旁边放了一个写着"北京大学"字样的纪念圆盘，估计是以往我们团队给 W 书记赠送的礼物，还有"2021 年疫情防控爱心捐赠""百佳文明家庭""新乡贤"等荣誉牌匾。W 书记摆出来的书，有《B 村志》《绍兴年鉴》，还有好几本大部头的《政商关系解读》，以及一本《乔布斯传》。

在 W 书记与 Z 书记的关系中，若欣提到一点观察，在于 Z 书记"很介意跟 W 书记做对比"，并且 Z 书记总是意图"表现出有主张、有想法"。用杨老师的话说，这是"急于摆脱您（指 W 书记）的阴影"。某种程度上说，这种"介意"也恰恰反映了 Z 书记跟 W 书记的"对比"是客观存在并且可以说比较"显著"的。从 W 书记的表述当中，我们可以更加深刻地体会到这一点。

Z 书记的第一个"主张"是酿酒，并对家庭作坊的黄酒寄予了蛮高的期望，但是 W 书记简单干脆地说："那是错的。"W 书记提出了四点主要的理由：

第一是食品安全的问题。W书记认为，家庭作坊酿酒所用的河水，从上游流下来，在磷元素、钠元素上是超标的，"毒素超标的"，而家庭作坊的村民"他们不知道这个东西"；同时，不同于酒厂的机器标准化生产，家庭作坊做出来的酒，品相和各种成分之间的配比是不稳定的，这就容易导致食品安全问题。

第二是盈利空间的问题。W书记认为，"批发"是"没有钱赚"的，"除非不开发票"。按照W书记的意思，零售、批发的附加值是很低的，只有做品牌、"贴商标"才有高附加值。W书记讲"除非不开发票"的意思是不交税，也就是说私人作坊利润空间很狭窄。W书记认为正确的策略不是允许个体小作坊"酿酒"，而是应该允许个体户"卖酒"，把酒拉过来、包装、打自己的品牌。

第三是品质认证的问题。说白了就是个体作坊拿不到QS的标志，在市场流通上也就是处于不利地位。这里杨老师举了云南丽江"卖蜂蜜"的例子。

第四是环境保护问题。在村里酿酒会带来"卫生"问题，会招来"苍蝇"，并且他判断"（这么搞下去）很快就要被投诉了"。

Z书记认为自己的第二个政绩有关B村"发展越剧"

的文化事业。我们去参观了 B 村的越剧戏台，在村里"长者食堂"旁边做了一个很精致的展览馆，虽然说大概是想"打旅游牌"，但看样子平时也没有多少人来参观。搭了一个戏台，在室内配了一个装修非常精美的录音棚。但是，按照 W 书记的说法，"那不是他（指 Z 书记）搞的"，"那是人家让他搞的"，"钱是他们（指镇上）出的"，"不是他搞的（第二次强调）"。

跟"旅游牌"挂钩的，还有一条是"黄酒小镇"。W 书记的判断是很直接的，"全国这么多特色小镇，还有几个成功的？弄不起来的！""（黄酒小镇）亏本，已经要停业了。"杨老师说，2020 年我们来的时候，去了黄酒小镇参观，"当时的感觉是很萧条"；W 书记毫不客气地接了一句，"现在也萧条"。

Z 书记还提到了现在 B 村是"五星 3A 村"。W 书记说："那是我评的。"并且他表示，他在任上，把 B 村能评上的荣誉全部评了一遍，已经"到顶了"。至于 Z 书记争取的其他的几个荣誉，W 书记说："没有政策性的（东西），没什么用，都是虚的。"言下之意是说，评上的荣誉，如果不能换来经费或者"奖金"、项目，那就没什么用。"除非是我评上的这个，有钱。"而评上"和美乡村"，"顶多也就给 300 万到头了，（而且）300 万不是钱给你，而是做事情才给你，做出来才给你"。W 书记最后讲的这个"事情做出来才给你"，可以跟我们在河北平山看到的项目制的情况做一个类比，河北平山的项目制，也就是必须村里先垫钱，然后才能做，做好了，才能拿到剩下的钱。当然，这也是政府对自己投入的项目资金做风险控制的一种方式。

按照 W 书记的判断，Z 书记现在其实在"客观上"是一个"无权"和"没事可干"的状态，也就"环境卫生可以做做文章"，其他方面都没有什么空间了。杨老师说，"（Z 书记）急于摆脱您的阴影"，W 书记也认可，说 Z 书记"压力是很大"。对于 Z 书记个人的评价，W 书记认为是"人比较厚道……但这样下去会很被动……威信不高……老百姓怎么样他就怎么样"，所谓"厚道"，言下之意，即 Z 书记不够杀伐果断。杨老师当时问 W 书记，街道上换他下来，是不是也有这方面的考虑。用通俗的话说，是说 Z 书记比较好"拿捏"、比较听上头的话，但 W 书记马上否认了这一点，他说是因为他年龄到了 60 岁。

很重要的一点是，W 书记对 Z 书记"无事可干"的状态之判断，是基于他对当前中国政治经济状态的判断。他着重谈了民营经济。讲民营经济，就绕不开他自己的 DF

电缆厂。从大面上讲，W书记谈到"从国家经济形势来讲……其实税收是靠民营企业，就业也是靠民营企业……信心比黄金更重要，但是现在民营经济没有信心"。这跟W书记对政治生态的判断是一脉相承的。

具体到DF电缆厂，W书记也讲了他企业成功的"诀窍"：一是讲市场定位，二是讲如何管理，三是讲老板自己要能"懂行"。做电缆的企业，"余姚那边很多的，绍兴只有一家，（但）拿到订单也不容易"。对产品而言，"定位最要紧"；对于电缆，"如果是民用、家用，（那）太简单"，做低端的产品，是"没意义的"，因此DF要做好的产品，"打进飞利浦"，"进了飞利浦这个门槛……跟飞利浦绑在一起……（成为飞利浦的）合格供应商"。这相当于看准了规范的、高端的供应链市场，在产品定位上就奠定了优势。在管理上，厂里面只有33个"真正的工人"，其他都"更新设备了……自动化的"，自动化既能做成本控制，同时产品、包装都是自动，会"漂亮一点"，而且"机器不会偷懒"。最后一条是讲老板自己要懂行。W书记讲，之前从上海请来的"每个工程师背后，都有一批供应商"，工程师拿提成，所以一旦老板自己不懂行，就容易被骗。

访谈和讨论结束之后，杨老师提醒我关注另一件事情，也就是 W 书记虽然退下来了，但是仍然能把村里 Z 书记的所作所为和相关的情况（比如酿酒的产业及其意外后果、越剧展览馆、旅游业等的情况）了解得如此清楚并"逐条批判"，可见 W 书记对 B 村的村务还是很关注的。用杨老师的话说，W 书记不希望自己"打下来的江山"在 Z 书记的手里葬送了。我个人认为，这次跟 W 书记的见面，是我这次来绍兴收获最大的一段经历。

在分组的常规访谈当中，我们组这边总共访谈了六个人。按照我们组内协商的分工，我个人主要负责老 S 和老 J，因此我主要写这两个人。同时，我也会着重写一写 Y 姐的丈夫老 G，因为老 G 实在是令我印象深刻。

4 月 28 日上午，我们组访谈了老 J。老 J 是 1966 年生人，初中学历，25 岁时结婚。面色黑黄，声音嘶哑。他是一个商人、自由职业者、个体经营者，主要承接市政工程，根据工程的地点来回跑，比如说前段时间在江苏昆山跑工程，没有固定的工作地点。个体经营者是浙东 B 村农民在非农化进程中最为典型的一种职业转型方向。在访谈当中，他谈及其对于"经商致富"的理解，其中最令我印象最深刻的一句话是，"我们没有打工的人"。

老 J 说自己不会给别人打工，理由很简单，就是"自己不想打"。他说，"读书是讲天赋的事情"，不论是自己还是子女，这个"求不来，也没办法"。可见，在他的心目当中，"读书"大概还是人生的最优解。但是既然"退而求其次"选择了经商，那他也有他自己的方式和"原则"。他说，不论是他自己，还是他的兄弟姐妹，都"不给人家打工……（他们有的在）卖甲鱼、卖肉……我们没有打工的人"。可见，在他看来，即便是在市场卖甲鱼、卖肉，不论赚钱多少，只要是"自己做"，也胜过"给人家打工"。

当我们问及他妻子的工作时，他表示，妻子在附近的商贸城做个体户，卖服装，并主动表示，"少挣一点无所谓，找点事做嘛"，只要"不给人家打工"，那"早一点晚一点没事，也不用请假啥的"，"高兴就开，不高兴就不开了嘛"。他主动提到的"不用请假"这个说法很有意思，可以看出这个人认为"不给人家打工"的一个非常重要的理由是"自由"、不拘束。后来，当我们问到他有关房产的问题时，曾讨论过他为什么选择留在村里，而不进城住商品房，他说，"不喜欢住商品房，不自由"，不仅"没地方停车"，而且"物业有喇叭"。他认为，不能随便停车、有物业管理的大喇叭，这些都是"不自由"的表现。

我们发现，偏好"自由"不仅是像老 J 这样的个体生产者的"天性"，更加值得注意的是，他极力避免承认自己家里有人"给人家打工"，并认为这是"丢脸"的事情。最为明显的一个例子是，我们问到他儿子的职业，他说："没有打工，在一个亲戚那里干。"这个回答方式非常有意思，因为他并不是首先回答职业，而是首先要跟"打工"撇清关系，然后才说"在一个亲戚那里干"，也没有说干什么。言下之意是，给亲戚干，终归不是给别人干，那就不算"给人家打工"，顶多只能算"给自己人打工"。这种"强行解释"的动作，反映出在他的心目当中，承认自己的儿子在"打工"，至少是一件相对丢脸的事。

同时，非常耐人寻味的是，老 J 在访谈过程中，他用的说法是"给人家打工"，而不仅仅是说了"打工"。"给人家"这三个字，非常清楚地表明了他内心的倾向和偏好。这说明在他看来，"给人家打工"不仅是丢人的，也是寄人篱下、低人一等的表现。这种价值判断是非常重要的。也就是说，在谋生活动当中，到底是"扬眉吐气"还是"低人一等"，关键的标准在于是不是"自己干"。我们发现，浙东农民以"自己干"为荣，以"'给人家'打工"为耻。根据以往田野日记的总结，这种"靠自己"的心态大概也是浙东模式和苏南模式非常重要的不同之处。

结合以往的访谈材料，我们还发现，DF 电缆厂几乎没有本村的打工人，这一方面也许有以往调研团队提出的"本村人难以管理"的考量，但另一方面，也很可能说明了本村人不想"给人家打工"的心态。比如在以往的访谈材料中，村民老 L 被问及他的儿子为什么不进厂而选择自己搞汽修，老 L 说："我儿子聪明。"这个"聪明"背后是意味深长的。这就可见他对"进厂打工"的人是一种什么样的评判。

　　4 月 28 日下午，我们组访谈了老 G。我们团队在 2005 年是访过一次老 G 的，他是村里妇女主任 Y 姐的丈夫。在今年访谈当中，他给我们讲了一段顺口溜："绍钢工人三十六，买双皮鞋（此处有三字因方言，录音无法辨识）……买个手表乐悠悠。"绍钢工人，指的是绍兴钢铁厂的工人，按照老 G 的说法，他们是吃"国家饭"的人，也是吃"工业粮"的人。

　　老 G 出生于 1950 年，初中文化，是居民户口下到 B 村来的知青。根据 2005 年留下来的资料，他的父亲原来在绍兴供销社任职，祖上是大户人家，在安徽做过县官。"文革"期间，因为怕被"抄家"，把官服、字画都烧了，雕花的家具也砸了，婆婆也在这场"横扫"中去世。家里还有

200平方米的大房子。1973年，Y姐经人介绍认识了自己的丈夫老G，据说，两人晚上见面的时候，经常有生产队里的小青年出于好奇在门外偷看，由于人太多，把她家砖砌的围墙都推倒了，一度沦为村里的"八卦"和笑谈。当时Y姐是村里的"村花"，她的追求者很多，因此也有一些妒忌的人，以至于有个生产队长就说，要把老G和Y姐的工分"打五折"。1975年，老G顶替了他的父亲在供销社的位子，他的父亲就说："这个农村姑娘不要了。"但在他们的坚持下，他们最终在1976年结了婚，1977年生了一个女儿，成就了一桩跨越城乡的联姻。

老G作为下乡的知青，虽然在村里结了婚，但还是等来了"回城"的一天。可是好景不长，在55岁那一年，老G在城市职工下岗潮中下岗了。下岗之后，尽管他的爱人Y姐在村里的DF电缆厂中能赚到很多钱，并且帮其介绍工作，但他拒绝了厂里的工作，他也不愿把户口和党员关系迁到村里，不乐意作为妇女主任的妻子利用晚上时间去串门搞妇女工作，还不乐意女儿把工作从商厦售货员转到私营企业去。我们从这些生命故事当中，大概可以想象，他对农民、体制外或私营企业等等有着很大的"偏见"。用通俗的话说，属于"没有转过弯来"，最终自己堵死了自己在体制外拓展机会的空间。

在今年的访谈当中，老 G 的话语和表现与老 J 有着非常大的不同。在对老 G 的生命史有一定了解之后，我们再来看老 G 在访谈当中的发言。谈及农民与居民的关系，老 G 非常激动："那个时候跟现在没法比……那个时候你如果是做工的、发工资的，是吃国家饭的，也就是说是吃国家饭的（确实是重复了一次，可见当时非常激动）……那个时候比现在你考上公务员要香得多了……（对这样的人，大家都）很羡慕的，农民很羡慕的。""我当然是居民户了，我去工作的话……是吃工业粮了。"

这是老 G 在追忆自己当时重新变成"居民"之后的"风光"，用他的话说，是"农民很羡慕的"，是"比现在你考上公务员要香得多了"，是"发工资"的，是"吃国家饭"的，"吃工业粮"的。这是他反复强调的一件事情。

"后来形势在变化……那个时候（指的是支农的时候）是要号召的，'到农村去扎根一辈子'，都要喊口号的，说要死心塌地在农村了，所以我跟我老婆在这边，跟农村的人结婚了。以前工、农的区别很大，你一个是居民户，一个是农业户。现在是倒过来了，现在农业户反而香，他（农业户）也可以安排工作，还有田，居民户就没有收入了，没有田了。以前如果说做农民的话，工资 2 块 8 毛钱一天，好像很臭的了，（现在当农民反而好，所以）说不⋯⋯说不上的（表示说不准的，没办法的）。"

尽管如此，老 G 同样也感慨，现在当农民反而好，"农业户反而香"，他说这是"说不上的"，也就是"没办法的"。这个"说不上的"，透露出他觉得命运亏待了他、亏欠了他。但无论如何，他的表述当中依然处处透露出，他对体制内"铁饭碗"的价值取向的认同，对曾经"铁饭碗""吃工业粮"的优越感的念念不忘："因为（回城的时候）年纪大了，已经 28（岁）了，28（岁）了叫普装工，普通的普，装配的装⋯⋯那个时候工资最高，如果是学徒工的话，只有 15 块钱一个月。"

老 G 清楚地记得，自己回城之后做的叫"普装工"，并特意强调"普通的普，装配的装"，说这跟"学徒工"不同，因为普装工的工资更高。"当工人的话，大家都眼红得不得了，（大家都）想当工人。""那个时候如果要是 30 块钱一个月，已经是蛮好了，你说你这个同样是绍兴的，我们绍兴有句口头话（口头禅），绍兴有个钢铁厂，绍兴的钢铁厂，绍兴市里面最大的一个工厂，（就是）钢铁厂，我们有句口头禅，什么'绍钢工人三十六，买双皮鞋（此处有三字因方言，录音无法辨识），买个手表乐悠悠'，（就是说）买个手表来显露显露，表示自己有（钱），然后买双皮鞋，36块钱已经是很光彩了，大家都很羡慕了。"

这一段，老 G 在为我们介绍"绍钢工人"是如何被人羡慕的，因为可以买皮鞋、买手表来"显露显露"。值得注意的是，这一段原本是在讲"30块钱一个月"的工资在当时是什么概念（即其实已经很高了），当时的背景是"改革开放以后"，即便"改开"之后当地下海经商的人急剧增加了，但他在向我们描述"30块钱很多"的时候，举的依然是钢铁厂的例子，是"体制内"的例子。可见，在他的认知谱系上，体制内才是"标杆"，是其作为生命个体在锚定时代记忆时所自觉或不自觉地使用的刻度或标尺。

"（我这么说）你们不要生气……你们现在年轻人的话，（觉得）工资无所谓，（觉得）领导对我不好的话，我就不要做了，我走掉了……那时候（指的是他以前吃'工业粮'的时候），（我们）很珍惜的，下班的时候，那个时候因为是乡下嘛……在乡下的供销社里面，要到关门（才能下班）的，天黑下来才能关门的，没有时间的（指的是没有下班固定下班时间），像现在什么几点，作息时间，几点下班，几点上班，我们这叫什么？叫太阳升起，要开门了，太阳下去了，打烊了；如果现在的话，（你们年轻人就说）我早就走了，早一个钟头两个钟头回去了，那个时候大家都回去了才能走的。"

这一段老 G 的发言，是他自认为对我们这些"年轻人"的"教育"，有意思的地方在于，他的发言跟上文讨论过的老 J 形成了非常鲜明的对比。老 G 提及自己当初吃工业粮时对工作的"珍惜"，认为年轻人觉得"领导对我不好"就要跳槽是不对的，是不"珍惜"的表现；下班是"没有时间（点）的"，要"大家都回去了才能走的"。我们能够想象，在那个时代，如果总是"到点下班"，往往会被指责为"家庭观念重"，但时至今日，老 G 在发言中依然念念不忘的是体制内的处事逻辑和价值观。

在谈及他的妻子 Y 姐的时候，尽管 Y 姐因为在私营企业有兼职，实际的工资收入是很高的，但是他依然说，"她退了三年了，她退休金也不高，因为她是农村里的，不是正式的国家干部嘛"，"她是农村的，农村的，是属于自己自保（指养老保险）的，（退休金）才我的一半"。

可见，他不愿意承认自己的妻子在体制外攫取的丰富资源，也并不愿意承认妻子对家庭收入做出的巨大贡献，而是反复强调，"她是农村的，农村的"，她的退休金"才我的一半"，因为她"是农村里的"，不是"正式的国家干部"。从这些表述当中，我们可以非常明显地看出，他不仅至今念念不忘"工业粮"，念念不忘自己曾经引以为傲的"居民身份"，不愿意承认和接受现实，也就更不要谈做出改变；更重要的是，他的这些表述，恰恰也是他寻求自洽的一种方式。

尽管他的妻子有着比他更多的收入，但是他念叨的是，单看"养老金"，他的妻子只有他的一半。尽管体制内"铁饭碗"的大潮已经过去，但是这种优越感、这种体制内的价值观（像他试图"教育"我们的那样），既是他曾经在他和他的家世带给他的禀赋资源下获得一个"被人羡慕"的工业粮身份的依托，也是今天他在没落中依然要感觉到"跟别人不一样"的一点慰藉和由头。

4月29日上午，我们组访谈了老S。老S生于1943年。在访谈一开始的时候，他就表现出了超乎常人的活跃与自信。在我们问到他是哪个村的时候，他主动给我们解释，村委会在帮助我们寻找访谈对象的时候，前后两天是找来了所属不同街道的被访者。他主动告诉我们他是绍兴一中毕业的，是"成绩最好的"，而且"几何学最好"，"但不能上大学"，因为成分问题"背了黑锅"。他先说他的爱

人"漂亮、有学问",是支农期间认识的,但又强调说是
"人家看上我的"。

在我们问他出生年份的时候,他不断地让我们猜他的
年龄,不断地说"再加、再加",同时伸出手做出向上指的
动作,动作非常干脆有力量。这个过程是告诉我们,因为
他身体和精神状态各方面都还很好,所以他以自己的高龄
为一种炫耀的资本。他的父亲是车行(指黄包车)的老板,
他还主动提了"资本家"这个词来解释其父亲的身份;母
亲是原先绍兴市最大的教堂的创始人。他对自己原本城里
人的"身份"非常看重,他反复强调"我不是农民,我是
支农的",这句话在整个生命史访谈的过程中,至少在不同
的地方重复了三次。

当我们问及他家中的土地与房产情况时,他表现出了
非常强烈的表达欲。他首先讲了土改和几次"运动"。"房
子都改给贫下中农了","越贫穷,房子越进来(指收入更
多的房产)",因此,家里的财产都被"运动掉了"。那个时
候,"运动很多的……学校里很好的老师,过了一天,唔的
一下(拟声词,形容转变的快速),就变成右派了"。从他
一开始的这些表述当中,已经流露了他对这些所谓"运动"
的怨念。

接下来，他真正的兴奋点在讲述他家在房子被"改给贫下中农"之后，又是如何获得新的宅基地的。他告诉我们，贫下中农们拿到了他家的房子之后，并没有很珍惜，而是把房子的砖瓦、木头等拆下来卖掉"变现"了。拆完之后，他们又没房子住，却也完全不在乎房屋所占的土地的价值，导致那片被拆掉了房子的土地也就事实上变成了无主的废弃荒地。也正是在这片"荒地"上，村里才得以又把这块地"批"给了他本人建房子。老 S 特意强调了，这一片被"批"下来的宅基地，正是他家之前被"改给贫下中农"的房子所在的同一片地。

在访谈中，我们能够非常清晰地感受到老 S 的"骄傲"，我们也能够因此推断，老 S 在申请宅基地的时候，之所以一定要"要回原先的土地"是有其非常复杂的情感因素的。用杨老师的话说，这个叫"变天账"。不论是土改的"变天"，还是他翻身的"变天"，所谓"贫下中农"即便获得了"改来"的土地，这块地最终还是回到了这位"地主"的手中；而且即便没有"收回"，贫下中农拆房变现的行为、短视等也被他所鄙夷。在老 S 的表述中，这既是一笔"变天账"的清算，更是其对自身及其家庭获得"地主"或"资本家"身份及特权之合理性、合法性的一次行为艺术般的辩护。

老 S 支农期间结了婚，"回城"之后，进入了专门安置在支农期间已经结婚但最后回城的知青的"知青厂"。他做过钣金工，后来又在厂里做了财务会计，还被镇里外派去罗马尼亚做了三年财务工作。他一路做到了副厂长，同时还告诉我们，因为后来企业"改制"了，原来的"厂长当了老板"。言下之意也就是说，如果不是因为公有制企业改制的浪潮，那厂长的位置最终也是他的。

但无论如何，他还是感慨支农回城之后生活的改善，他说了两次同样的话，"只要不背黑锅（那就好了）"。他说，"说真话，变右派"，而且"有人好，有人坏"，这个"有人好"指的是突然交了好运翻身，而"有人坏"则反之，指突然陷入了不好的境地，或被剥夺了拥有的东西。

老 S 的这些经历，无疑形塑了他目前的人生态度。我们从他对其他问题的讲述当中，可以侧面观察他看待身边问题的方式。比如我们问到他子女的考编问题，他以非常戏谑的语气说现在是很难的，"100 万（人）考 1 个（人）"，"考不到也没办法"。那做生意好不好做？他说"老板也难当"，"工人、待遇、工资、材料，（要是）搞错啦，（就）倒闭啦"。生意"小的还可以"，"不求发财，过日子就可以了"，"（各行各业都是）不保证的"。他某种程度上给人一种"活透"的感觉，在谈及这些行业的艰难处境的时候，语气中颇有一种"笑看人间举子忙"的心态。在心态和策略选择上，更偏向的不是激流勇进，而是细水长流。这些他们人生中重大的不确定性乃至颠覆性的变化，使得他们在心理上，对其社会行动所依托的最基本社会条件的恒常性的判断被弱化，或者说对这种最基本的社会环境的恒常性的信心被削弱。

纪阿姨访谈后记

宋婧等

修订者按：

　　本文是北京大学田野调查团队在 2005 年 7 月在华东地区一个古镇附近的村庄展开暑期田野调查，对村民进行口述史访谈过程中，一个晚间讨论会的记录。这种晚间讨论会往往是基于白天的深度访谈，在晚饭后由团队成员内部进行分工，轮流对访谈对象或者整个家庭、社区，或者某一个历史阶段展开讨论。讨论会中往往还涉及研究团队对访谈场景的回忆和对访谈互动的观察，有助于研究团队对田野调查方法和深度访谈过程进行反思。研究团队内部的互相补充和评论，也反映了田野资料不断积累、研究团队成员共同合作和创新的过程。本文所记录的这场关于纪阿姨（化名）访谈的讨论，很类似美国人类学家格尔茨所言的"深描"，它对纪阿姨在访谈中的言谈举止的意义做了深度的社会学分析。文中出现的讨论者依发言顺序为宋婧（主讲者）、刘小京（中国社会科学院农村发展研究所助理研究员）、姚泽麟、程为敏（北京大学社会学系副教授）、蒋勤。本文整理者为蒋勤，修订者为宋婧和杨善华。

宋：前天的时候我们去了西沙的老街。纪阿姨说过去这个地方原来不叫什么村，这些行政村都是后来的名字，当时她们都叫什么桥头，她保留了原先对于西沙古镇格局的记忆。纪阿姨比较有亲和力，一边说，还一边每隔一会儿就要拍我一下，特别亲热。

刘：她是什么时候结婚的？

姚：解放后，土改前。

宋：她家原来是做皮鞋的，做了一段皮鞋又开始开茶馆。他们家做过很多小生意。她小时候已经是镇上的居民，在择偶时是选择了一个长工。

程：这个是她爸爸做主的？

姚：是她家隔壁的，被她外婆看中了。她外婆说这个小伙子很实惠，很老实。

程：哦，她外婆相中的。

蒋：她丈夫 13 岁的时候就来这里做长工了。

宋：她家原来在镇上，但榕村也有他们的家。他在榕村做长工。这样就认识了。结婚之后忍受了她过去在她的成长环境中没有忍受过的种种艰苦。

刘：纪家铺子的纪家小姐嫁给了长工。

宋：在大家都吃不上饭的时候，她爸爸买酒给她喝，逗小女儿玩的那种啊，就是为了讨她一笑，就买酒给她喝。她们家应该条件不错，家人都是帮着父亲做手艺，不会种田，他们觉得种田很苦。她跟我们说当时镇上那种繁华的景象啊，开着很多蜡烛店，茶店，杂货店，小吃店。她就是心里特别归属那个地方，当年是西沙的繁华之地。

程：灯红酒绿的地方。

宋：她的家境允许她活得天真率性，年老了之后还有一点随意的性格。她说到自己的两件事情，一件是她跌了一跤。她就要跨过浴缸去扔烟头，她说我这么大年纪了，就像小孩一样啊，没想到竟然摔了这么一跤。然后我们问她现在疼不疼啊。然后她就跟我们比画，这么躺下去，这么起来，就坐在那里给我们示范。还有一件事情就是她学骑三轮车这件事情。这个三轮车是别人建筑工地停在那儿的。学了之后，开始就很好骑，她就很兴奋啊，然后在拐弯处就摔了一跤。旁边建筑工地上的工人都很害怕，说这个老太太跌伤了，赶紧过来看。她一下子就爬起来了，好像一个小孩在弄恶作剧，被人发现那种。很随意很率性，把很多事情都看得不是很严重。她父亲在那个时候应该是相当有生意头脑的，就是老姚刚才说她家请了秧歌班来吸引生意。她父亲善于做生意，但是小生意在土改之后是要走下坡路的。这个时候，这个长工加入他们家庭主要就是这个原因吧。她说他们家开茶店开到1955年为止，可能说是三大改造。

刘：对，公私合营。当时统购统销之后茶店里就没有点心了，只有茶了。然后就公私合营了。

宋：然后她就说了镇上的一些事情。她说那家北面那个屋沿河的那户人家原来就是在镇上打银器的，当时也是落户口落到了榕村。当时就有这么一大批相当于中产的小手艺人，他们就像种子一样播到了这个村里面，经历了一个生命历程的起伏。这户人家先是打银器，后来银器不能打了，改成做花圈了。当地发家致富的传统可以有两条，一条是非常本分殷实的小农经济的道路，还有一种呢就是这种小生意者、小手工艺人的道路。这两种道路在旧社会可能各有各的门路，但是到了新社会之后可能就要归到同一条道路上来，有一批人必须要寻求同农民的结合。婚姻就是其中的一条道路。她说的苦，主要就是这种适应的痛苦。刚才老姚也说到居民和农民他们之间微妙的这种心理。她（纪阿姨）说她自己是不在乎，而她的丈夫则是喜欢做农民。她说农民是腊鸭骨头。腊鸭骨头是吃起来很有味道，但是腊鸭骨头是很瘦的，没有肉。她的哥哥就喜欢做居民，他就抱怨她的丈夫，也就是他的妹夫，说你拖着我们都做了农民，因为镇上的人的根本做不了农活，觉得太苦了。她丈夫跟她订婚以后，他就不再做长工了，就是自己租了田，想自己养家糊口。她哥哥看到这个有点"眼热"，有点羡慕，就想跟她丈夫合伙，"我们也租田，你帮我们也一起种了"。她哥哥是依靠她丈夫来种田，当时还有他们旁边的几家邻居啊。通过这样一个结合，镇上的居民实现了向农民的转化。其实不是他们自己种，他们只是沾光，因为她丈夫是什么都懂，是个种田的好把式。

程：那她哥当时为什么不选择当居民呢？

宋：他觉得好像当农民也不错，因为他当时已经租了地了，他说我也租地，你帮我一起种了算了。

刘：谁也没想到分田以后就搞了集体化了。有了剪刀差了。

宋：可以从两个方面看。一个是在集体化之前镇上的居民可以沾农村亲戚的光，另一个是在集体化之后他就抱怨妹夫说你把我拖进农民这个队伍里来了。下一代就不一样了。（纪阿姨的）三个女儿都是种田的好把式。她说她的女儿经常跟人调活干，因为有些活女人是不能干的，只能跟人家换，妇女去干比较普通的活，让男人来干只有男人才能干的活。在农民和居民之间，他们在特定的时代都是被带着走的。她儿子现在就回到做小生意的老路上面了。被带着走的还可以延伸到性别角色这一方面。虽然（纪阿姨）在镇上长大，跟一般农村妇女不同，她还是受到父权传统的很大影响。她当时生了三个女儿，在保健所里有另一个产妇，人家有两个儿子，要生第三个了，那个产妇就跟她说，如果说我再生一个儿子的话，我想跟你换一个。她说，这个要我们家丈夫来决定。她丈夫是一个老实巴交的（农民），而纪阿姨心底里还是以她的丈夫为主心骨的。她说自己的三个女儿虽然种田很好，但是还是必须要跟人家男人去调活（因为女性不能干所有的农活，还是依照性别分工来做自己能做的农业任务）。还有一条线，是贯穿在她的口述历史中的，是一个做生意的传承。他们家做鞋，开茶店，养猪，做蚊香。下一代呢，儿子也会做蚊香，也会做小生意，女儿也是挑花和进厂做工。他们一家人干过的行业很多。她用了一个词。当时谁问了她一句，居民是什么？她就说居民就是"生意经人家"。生意经人家就是很会做生意的那个意思，她对于这个做生意的小镇居民生活内心还是很向往的。刚才说的是农民和居民。然后她和她的下一代啊，就是代际的问题，她和女儿都能够迅速跟人拉近距离，但是她女儿观念上又有一些不同。对于钱的概念也是老一代人比较看重小钱，年轻一代眼界就开阔一些。

刘：小生意人，她没有见过那么大钱。在她那个时代，小钱她才会记得。

宋：她在乎一些小的东西。这几天我们看挖河泥，然后河底露出来了，露出来一只船。然后李姐（纪阿姨女儿）说，阿爹这只船露出来了。就是她（纪阿姨）丈夫的那条水泥船了，她当时就挺高兴的。她说："这个哎呀，我们这条船。"李姐就很沮丧，说没用了，让它放在那里。（纪阿姨）就很想把它拿回来。（李姐觉得）

那个船早就烂掉了，就很沮丧地说："雇人来敲碎算了。拿走还要付一笔钱。"因为这个是她家的船，放在河里不行。她（纪阿姨）就特别生气："不用钱啊。这个钢筋也是钱啊，这个钢筋让他们拿走就行了。你看倒在那里的电线杆子，多少人在那里敲啊，把这个钢筋敲出来。我们这条船，大家还不都抢着去了？"李姐说："现在谁要啊？这种东西，你白送给别人都不要，这种烂钢筋啊。"李姐是一个见过世面的人，纪阿姨想着自己一条小船在河底，想着一定要把它拿回来。这是一件事情。还有一个是石棺。过去土葬的时候，里面是棺材，外面是一个石棺，叫石椁。然后，因为不能土葬了，现在都搞公墓了。当时村里就把这些石椁外面的石板拿去铺路啊，去修渠。当时纪阿姨就特伤心地说："哎呀，都被人拿走了。"李姐就说："这个东西谁要谁拿走，还这么沉，多费劲，人家愿拿走就拿走了。"她们俩之间这种对话肯定有过很多次，她就知道拗不过她的女儿。接下来就是一些细节性的事情，过几天有庙会的事情。有些事情都是女儿来了之后讲的。比如她父亲上过小学啊，上过夜校，上过两年学，字写得不错。当时纪阿姨家是倒挂户，因为孩子多，她就必须到小队干活。有一个小孩生病了，想跟她说一件什么事情，说她家的什么不见了。她当时说："不见就随它去吧，小队里的活要紧。如果我不去干活的话，生产队就不会给我口粮。"当时的生产队，这个整套农业体制给了她很大的压力。她还说了一些其他的细节。原来她们的老房子（有一间）是不住人的，江南的民居特别密集，（缺少通路，）为了做好事，她老头子就把那间房子空出来给人走路用，他说"我们那个旁边还可以堆积什么"。她说她的丈夫虽然话说得很少，但是很尊重她的意见，是一个比较厚道的人，带着一种朴素的农民的道德观念。

刘：小宋这个讲得特别好。我们一直强调不要面面俱到，要拿一个线串起来。她讲的是大变迁中间，一个小生意人在这个社会里面的适应与不适应。而且她儿子、女儿，因为这个访问也有了很多生气了。这个时候需要深描。深描不是讲一堆零碎，而是要把所有零碎归到大的概念上面或者社会事实上去。

程：她在大的背景下讲的小生意人，能够特别生动地凸显这么一个从……

刘：纪家铺子的纪家小姐变成一个农妇的过程。

程：对。所谓深描，就是描述能够反映她的鲜明特征的一些细节。她的父亲，能够给她喂酒，可见多么娇宠这个小姑娘。你能体会出她从小在这样的环境中长大，灯红酒绿的生活。

刘：但是和后面的对比，合作社的时候、集体化的时候干农活，再来看这个灯红酒绿的过去的心态的对照。

程：她其实是非常率真的，看见一个三轮车就想上去骑一下。经历了这么多沧桑，还能保持那种率真的好奇心，我觉得是非常生动的体现。

刘：跟她的历史连起来。我觉得可以这样解释，想想她解放以后嫁到农村做农妇，晚年的时候又可以当居民了，再体会她说周围农民工的态度。这是一段挺催人下泪的故事。

程：一个是把握历史的主线，另外是在这里面凸显人的个性特征。这个跟文学是没有什么区别的。一个人形象树立起来。但是她最突出的就是那几件事，如骑三轮车那个，几件就可以把这个人生动呈现出来。

刘：可以做一个很有意思的社会学的研究，在这个社会变迁中间什么把这个本来是市民的人变成农民，以及在社会进入新状态的时候家庭命运和人生经历的关系。

第四章

埂上回望

田野工作在学术以外的启发

松　溪

一

　　杨老师在《北京大学教育评论》上有一篇文章，标题叫《"意识"、"见识"与教学过程中学生主观能动性的发挥——一个现象学与现象学社会学的视角》，文中有很多经典的表述，不一一赘述，我在这里摘几句。比如："在培养学生这种共享学术价值和学术规范的过程中，最重要的是要向学生'灌输'学术评价和鉴赏的标准，从而帮助学生形成学术评价和鉴赏的能力。"又如："教师与学生在教学中的互动得以实现需要一个前提，即一套共享的价值与规范。对于大学文科教学来说，则是共享的学术价值和学术规范。对学生而言，只有形成这样一种价值与规范，他们才能与教师形成一种良性的互动并从中受益——获得能力的提升。"此外，杨老师还有一篇专门讨论本科生教学的文章《现象学的路径与学生能力的提升》，讨论的核心是学生学术能力的提升。我想，凡是跟杨老师做过研究的学生，一定对文中谈到的意识、见识和能力等话题有切身的理解和体会。

这两篇文章指向的是学生的学术训练，但对学生来讲，田野工作的意义其实已经超越了学术范畴。我想通过回顾毕业工作以来的所见所闻和所思所悟，从学术以外的视角谈谈田野工作对意识、见识和能力培养的启发。

二

上学时第一次碰到"田野工作"这个说法觉得挺新奇，"田野"这个词，用在社会调查上会给人一种诗意的想象。但是经历过田野工作的人都明白，这种诗意多半是幻觉，可能会在接下来的"工作"中被赶跑。被什么赶跑？可能是路途艰辛的跋涉，可能是大量耗神的访谈，但这些都比不过每天晚上的讨论会。在私下交流和微信讨论中，我们经常用调侃的语气去描述曾经面对讨论会时"恐慌"和"焦虑"的情绪。但如果严肃地审视这种情绪，就能够侧面了解田野工作的真相：每晚讨论会的这种压力，是田野工作非常重要的一环，或者可以说发挥了支撑和牵引的作用。

为什么研究者对讨论会产生的焦虑感是重要的？如果把讨论会的发言看成一篇小论文，那么一天的工作就是围绕这篇文章展开的：

第一，吃完早饭出发进入田野的路上，是一个构思和谋划的过程——我带着什么问题来？老师和同学们带着什么问题来？我需要提供什么样的协助？而且这种构思和谋划还带有很强的不确定性，因为你不知道今天"分配"或"偶遇"的访谈对象是谁，能不能收获高质量的访谈。

第二，进入访谈现场，杨老师文章中说的"意识""见识"和"能力"训练或检验就开始了。一面要寒暄、观察、提问、翻译（很多时候需要）、记录、追问、引导、深挖……在访谈技巧生疏的时候，要处理这些"多线程"的任务并不轻松。同时，脑子里还要想着进入田野前携带的"行李"——明确或模糊的问题意识。这些"行李"要随身背着，但是既不能一直背着，也不能随手就扔掉，一直背着就不容易进入开放式的访谈，随手扔掉，纵深挖掘就会不够，可能不足以支撑脑子里的那篇文章，事后往往会想，当时那个问题我怎么没有再追问一下？

第三，午饭时间，是对上午访谈素材的初步检视。如果足够幸运，上午的田野工作也许已经够一个发言小题目了，问题得到了初步解答，或者挖掘出了新的问题。但是，如果对访谈不满意，焦虑感会上升，虽然还有半天的工作。下午的工作和上午的差不多，但是离讨论会又近了一步。

第四，下午访谈结束到晚上讨论会开始，时间短则一小时，长则两三个小时。组内访谈者之间有了发言主题的分工，组与组之间交流调研的情报。这个过程很像写作初稿的过程：素材已经摆在那儿了，做出一盘什么样的菜既取决于食材的丰富程度，又要看手艺。同样的素材，我们和老师们的差距更像酿酒，同样的粮食，放入酒曲的分量不同，酿造的时间和温湿度不同，酒品的口味大相径庭。

第五，一天中真正的放松时间可能是自己发言完、老师点评完以后。在这以前，这篇"文章"始终处于起稿和修改的状态，晚餐时虽然耳朵里听着老师们讲访谈人物，讲段子、野史，但是心里多多少少还是挂念着晚上的讨论。调查讨论会很像一个小型的学术研讨会，虽然没有研讨会正式，但记忆更鲜活，素材更少删削，也往往比成熟的论文和发言有更多的延展空间。

第六，讨论结束，如果时间充裕的话，还要写几笔田野日志，或者跟同屋讨论一下精彩的发言和点评，或者自己咂摸一下一天的工作。然后赶紧睡觉，养足精神准备第二天的工作。

以上是我对"田野一天"的简单拆分和解读，当然只是个人的体会，还有一点过度阐释的嫌疑：是不是过分放大了讨论会的牵引作用和研究者的焦虑感？是不是刻意弱化了访谈和研讨的乐趣？每个研究者的技巧和特点不一样，是不是每个人的重点都在晚上一场会上？这些都是见仁见智的问题。但我想说的是，正因为有晚上的讨论会这个"锚点"，白天田野工作的问题意识才会更加清晰，正因为有研讨这个刚性的要求，访谈的质量在无形中得到提升。研究者的"意识"既是在田野的具体实践中逐渐培养的，也是在压力的倒逼下自觉不自觉养成的。

我感觉这套"不成文"的田野训练模式对学生的影响很大，这种影响不光是在学术研究方面。无论是毕业以后继续做学术研究还是从事别的工作，无形之中它影响着我们观察和理解社会的方式。我毕业以后干过学生工作、组织工作，这些可以说跟学术工作不大沾边了，即便是现在从事的调研工作，跟学术意义上的调研也有很大不同。但是在日常工作中，无论是搞实地调查、座谈会还是写调研报告，大到对具体社会问题的理解，小到社会调查的技术，都会回想起当年参与田野工作的一些场景。这些场景大多是深度访谈和讨论会，除此以外，几个不多的焦点小组讨论也给我留下了很深的印象。

三

在农村调查中组织好一个焦点小组讨论，难度比想象中大得多。在平山和绍兴做关于健康和医疗的调查时，课题组采用了田野中不多见的焦点小组方法，我们最初理解就是座谈会，也有人管它叫"调查会"或者"讨论式调查"。如果资历和阅历不深，个体访谈也许还可以勉强谈下来，但掌控一场研讨会就难得多，所以有老师"镇场子"就很重要。我经历了两场焦点小组会，第一场主要是听会和记录，第二场是主问，两场下来感受很不一样，每一场都有各自的特点和难度。由于没有受过特别的焦点小组主持训练，碰到了各种问题。比如，平山那场男性较多，除了发言比较积极的，对沉默的参与者调动不够。绍兴那场主要是中老年妇女，她们喜欢和身边的人"开小会""咬耳朵"，在讨论到村里的一桩谋杀案时几乎失控。此外还有语言沟通问题，生活系统的陌生问题，这些都给完成焦点小组讨论带来了难度。后来我总结，如果多看一些背景资料和访谈记录，多做一些焦点小组技巧方面的准备，可能效果会好一些。

这几年，我也陆续搞了一些社会调查，主持了一些座谈会，也旁听过很多座谈。有了当年的几场焦点小组"打底"，上手起来相对从容一些。另外，这些年来对座谈技术也有了一些新的体悟。比如，碰到"开小会"交头接耳的情况如何拉回主线，碰到"话霸"和"意见领袖"如何处理，人多怎么办，人少怎么办，什么情况下需要追问，什么情况下需要适当的停顿，什么情况下要创造一点讨论甚至争论的氛围，还有如何处理好引导讨论和隐藏自身观点的平衡，等等。

四

最后一个问题：复杂性之后是什么？我感觉社会调查的难点有两个方面，一是"搞复杂"，要把行为、事件背后的复杂性挖掘出来，把不同的社会行动者的行为逻辑搞清楚。二是在复杂性中发现线索和核心，提炼出一个或一组概念，用以解释现象。做好了第一点，研究就做出了厚度和深度，做好了第二点，研究就有了洞见（或理论锐度）和高度。无论是搞学术研究还是政策研究，都需要有对复杂性的敬畏之心。但在复杂性之后，学术研究和政策研究的取向就有了差异，前者重在概括和提炼，后者要落在具体的问题和对策上。我体会到，提炼一个精妙的概念有多难，提出一个真正管用的对策就有多难。这里头既牵涉到学术逻辑，也有政治逻辑和行政逻辑。

这里说的政治逻辑不是指一般意义的"政治斗争"或者"人事问题"，而是人心，或者社会发展大势。以前看到一位媒体主编的话，我至今印象很深：采编一个新闻，当然要看能不能吸引眼球，带来关注度和"流量"，但还是要看"大节"，如果大节有亏，再好的新闻也要压一压。搞调查研究也是一样，比如现在的网约车和共享单车，从大的方向看是符合社会发展潮流，也符合老百姓的利益，那么即便在管理上、服务上有一些瑕疵，也不宜太过强调，因为找几个封堵的理由是很容易的，但是一旦造成了后果，想要扳回来就难了。

行政逻辑说的是上下和左右协调的事，杨老师带着我们做田野工作，这方面的训练非常充分。比如说村"两委"

选举、近郊城市化、养老、扶贫等问题，越是从下往上看，从村庄和乡镇往县、市、省看，就越能看到丰富的行政逻辑。我前段时间拜访杨老师，杨老师还跟我说了西水碾"屋顶太阳能发电"项目运行过程中出现的执行扭曲问题。这样的例子还有很多，与扶贫相关的，就是前几年甘肃康乐县的"杨改兰事件"，一个年轻的母亲残杀四个孩子，最后自杀身亡。除了个人的原因之外，很多深度报道都尝试从"扶贫体制遭遇村庄政治"这样一个角度切入，发现了其中的复杂性。但是，看到了执行扭曲，可能还只是第一步。行政逻辑的复杂性在于，政策运行的损耗有时被主事者计算在内，有时没有被计算在内，因此会出现不同程度的执行偏差，这时候各级执行者的行为逻辑就变得很有趣。以"精准扶贫"为例，宏观政策一旦到执行层面，即便有了非常具体的规定，地方执行起来也五花八门，比如出现媒体报道的"层层加码"问题。按照全国的布局，2020年前要完成当时标准下的贫困人口脱贫，总人数是5 000多万。有的省要求市一级2018年就要脱贫，留下两年"巩固成果"，市一级就要求县里2017年脱贫。周飞舟老师在《锦标赛体制》一文中对"层层加码"有过非常精彩的论述。其实"层层加码"只是行政逻辑的一个方面，此外还有"层层抵消"甚至是"软抵抗"。

如何去发现复杂性，田野工作已经教会了我们视角和技巧，此外还需要旺盛的求知欲和好奇心。但是回到刚才的话题：复杂性之后怎么办呢？可能需要心智上的不断磨砺和实践上的不断探索，要想达到或接近"化境"，可能要经历一个非常漫长的过程。

田野场中的"蒙氏教育"

梁　晨

　　入门十几年，难得有机会认真想想"心路历程"。在我心里，杨门最有特色、最培养人的方式就是（略带有"蒙氏教育"色彩的）田野调查及其之后的讨论会、总结会。

　　"蒙氏教育"的特点在于"混龄教学，相信儿童潜能"，这个特点在师门田野调查中体现得淋漓尽致。我们一开始跟着师兄师姐（主要是师姐）做田野（特别像混龄教学对不对！），傻傻地看着他们在出发之前提醒大家带录音笔和礼物、进村找路入户访谈、在回程的路上分配录音整理这一手到擒来举重若轻行云流水般的整个过程；在讨论会、总结会上听师兄师姐精彩的发言（脑子和手不能同步，记不下来急死了），听老师的评论（粉丝星星眼一万年），想自己的差距（特别想捶死自己有没有）；在不断对照检查找差距的过程中，在潜移默化的熏陶中逐渐成长。

后来我自己也做了师姐，有了越来越多师弟师妹。2007年11月去易县的调查是我第一次带着小组成员郑晓娟和龙腾飞独立作战，记得当时我非常紧张，连累她俩也跟着紧张，杨老师还安慰我说"实在缺人，也没有办法，总要硬着头皮去做"，把我"安慰"得越发紧张。在紧张的气氛中，我第一次实践了主访、组织小组内的讨论、安排访谈整理，虽然手忙脚乱，但是调查最终顺利结束（阿弥陀佛）。我在田野日记中写道："这是我第一次独当一面地独立作战，从出发前的礼物分配和人员调配到田野现场的主访，都让我学到了很多很多东西。这次是在必须顶上去的时候硬着头皮顶上了，回来发现也没出什么乱子，我也像我笔下的乡镇干部一样，以'不出乱子'为首要目标。第一次带组做主访，我有一些感想。首先就是作为主访，访谈的逻辑实在是大问题。要把握访谈的脉络，说难听点就是'见风使舵'，视被访者的情况和访谈时的情境来把握，这点我做的还是很不够的，经常害怕忘记问题而没有沿着一条思路进行，有时候会打断被访者的思路，从一个问题跳跃到另一个问题。这还需要历练，多跟着老师，多听多想。第二点就是小组合作，老害怕自己小组的同学发言说不明白，更害怕本组的几个人发言的关注点冲突了。所以我们仨访谈之后就像三个结束工作的小偷，把自己偷到的东西拿出来分赃，在讨论的过程中很多想法被激发出来，很多想法被强化，然后各自认领各自感兴趣的关注点，或者由组长我来分配。这样起码避免了发言冲突的问题，而且小组内部讨论真的能把自己还模模糊糊的问题讨论清楚。作为主访也有些困难，就是记录的困难。我还不像老师那么炉火纯青，虽然对访谈的脉络都记得很清楚，但细节的确是要抄同组别的同学的笔记的，也算一个强化记忆的过程吧。写了这么多，我就是想说，这次调查真的让我成长了，各方面的成长。真正感觉到自己是个高年级的学生了，可以做些事情的高年级学生。继续总结经验和教训不足，再慢慢提高。"那次的田野日记我写了11 000字，里面有和杨老师去"打前站"的惨痛记忆，有对被访者的分析，有对自己手忙脚乱的反思，也有略带自豪的嘚瑟，这段体会深刻到十多年之后的今天仍然让我记忆犹新，你们看，虽然有点紧张有点疼，但这就是成长。

　　记得刚入门的时候杨老师说我的"感觉"并不是很好，也不算有灵气的孩子，不过老师又说，"灵气"和"感觉"是能培养的。现在我坚信这一点。所谓"灵气"和"感觉"都是在一步步模仿和学习中练出来的：在日常生活中积累常识，才能在访谈中发现"反常"的点并不断追问；在访谈中调动所有感官，听老师的问法，体会其中的逻辑，听被访者的讲述并寻找其中的反常和漏洞，体会其话语背后的意涵，观察周围环境，体会被访者的生活状态和生活逻辑；在讨论会和总结会中听别人发言和老师评论，对照自己的想法，反思自己在学术观察和提炼方面的差距与不足……都说"师父领进门，修行在个人"，但是领进门的过程真的很重要，教导学生修行的方法、路径也很重要。有了正确的培养方法和良好的环境熏陶，相信学生的潜能，就一定能成功培养出做田野有感觉的学生（脸红 ing）。

打磨访谈，打磨自己

杜 洁

　　从 2004 年到 2007 年，我有幸作为一名硕士研究生加入杨门，在杨善华老师、刘小京老师、程为敏老师等各位老师的带领下，和各位师兄师姐师弟师妹一起参加了多次田野调研。恍然间，毕业已十多年，当年每一次的调研、每一次的现场总结、每一次返京后的汇报讨论，都还历历在目，当初收获的种种经验与教训，成为此后十余年间我一直受用不尽的宝藏。

　　硕士毕业后很长一段时间里，我一直还在从事社会科学研究相关的工作。对比读研时的田野调研，最近这些年自己独立开展研究后的田野工作，有很多学生时期没有的体验感触，在此先对其做一些粗浅的反思与梳理。

一、锲而不舍，履冰之心

告别学生身份之后，2012 年我来到祖国的大西南，在重庆开始了研究和教学的工作。带着诚惶诚恐的心情，我也开始被人称为"老师"。还记得刚入杨门，第一次见杨老师的时候，他送我两句话："锲而不舍"和"如临深渊，如履薄冰"。

当自己开始独立组织调研、带学生，我对上面这两句话有了更深的理解。

"锲而不舍"是事业的坚持、方向的坚持、工作生活方式的坚持，而所有坚持最后都是对每一个具体问题、每一个细节的坚持。

在调研中，坚持研究的问题导向、坚持与学生的深入沟通、坚持调研中的原则与方法、坚持进行后期总结、坚持整理调研录音……当自己的研究工作是与新的同事合作，而不再是由导师来指导与安排时，很多以前觉得理所当然的工作，坚持起来就都不再那么容易。

例如，在进行调研组织的时候，合作的老师和同学们有着不同的调研习惯和学科背景，彼此对对方的调研方式甚至还存在着一定程度的不认同。总有人认为社会调查就是做问卷，而且还要设计很厚很不容易懂又不规范的问卷；有的人不喜欢认真做调研设计；有的人做访谈不录音，或者录了音不注意保存和整理；有的人不懂得抓住空隙提问；有的人不爱参加调研后的总结；有的人不懂得维护地方关系……太多太多的问题要去进行组织、沟通、协调、劝导。有的时候，自己不是课题负责人，还需要在照顾到负责人的研究方法的基础上，坚持自己的想法。在这种情况下，要继续遵循自己的田野原则，坚持自己认为是对的东西，非常困难，真的很心累。

经历了这些，我才真的开始懂得当初杨老师和各位老师带我们去田野的时候，在我们看不见的地方做了多少准备和组织工作，又为了改掉我们的各种坏习惯、培养我们的田野工作能力而付出了多少的心力。（真的是养儿方知父母恩……）

上面提到的，还只是田野调查之中的一些细节问题，是可以在逐步的团队磨合与经验积累中调整的。而我觉得田野工作中，更重要的一点是工作态度。这比娴熟的访谈技巧和丰富的理论知识都重要。"如临深渊，如履薄冰"，时时对受访人、对事件、对田野调研工作、对现场的分析、对问题的归纳……对一切的复杂性与张力，怀有一种惶恐与敬畏，就会避免很多不必要的细节问题，也会让自己与田野本身贴得更近。

而我在调研和整理访谈资料的过程中，经常会感到害怕。时常会有一种感觉：那么鲜活的生命、那样复杂的生活，我这样抽象概括出来之后，是用怎样的一个镜子反射出他们的面目呢？我至今还记得，读博士期间在东莞做田野，一个和我玩得很好、做过很多次访谈的女孩说过一句话："姐，你和我们不一样的。以后也不会回来。"她说得非常冷静客观，也深深地刺痛了我。我当初曾经答应他们，写出来的东西会给他们看，但是当我落笔的时候，却一次次地推翻自己，那些理论的词汇、那些案例的描述、那些访谈的截取，看在他们的眼里，又是怎样的一幅图景？

这种纠结的心态，曾经困扰了我很长时间，并成为我博士论文写作过程中的一个很大的障碍。文章也许勉强可以逻辑自洽，但我觉得我无法说服自己。会有这种困扰，很大程度上也因为我的研究经验不足，以往都是跟着老师们调研和分析，没有自己独立地去面对过。从而，在遇到田野中复杂的张力时，无法很好地快速调整自己。

中止博士研究之后，我在重庆开始了新的工作，并逐渐调整了心态。慢慢开始明白，怎样在具体的研究课题和田野工作的复杂性中寻找平衡。恕我笔拙，无法详述这个过程。这个平衡的寻找，真的"如临深渊，如履薄冰"，与被访者的关系、提问的方法、研究的梳理等等很多方面，多一分少一分都会有所失当。

二、田野工作反思：追问、生活史与研究者自身角色

前面反思的主要是田野工作中的态度问题，下面反思一下方法问题。在跟着杨老师和各位老师调研的时候，快乐与紧张时时并存，大家随时会讨论自己在访谈中的发现。还记得在吃饭的时候、走路的时候、打车的路上，听杨老师、刘老师、程老师讲的东西，比在北大课堂上听到的还要多。随时都是讨论会、随时也都可能开始新的访谈，所以随时录音也成了下意识的动作。这个习惯我保持到了现在，学院里有什么事我都拿着录音笔，导致同事时不时会问我，你录那么多东西干嘛……

每天晚上的总结汇报更是精彩的思想交锋，时常看杨老师闭着眼睛听汇报好像快睡着的样子，但一睁眼就是点睛的评论。而当自己开始尝试进入这个角色，自己组织学

生进行讨论并帮他们总结的时候，才真的切身体会到，精准的问题捕捉真是太不容易了！

在杨老师的历次点评中，对于田野工作的方法，除了一些主要的原则和方法之外，我印象最深并至今经常回想的主要是几个点：（1）追问与比较；（2）生活史研究；（3）研究者自身的位置与角色。

1. 追问

"追问"是一个看起来容易，做起来非常难的技术活。首先，需要将被访者放在整个时代背景、社会脉络里，明白这个人和这个事情的社会位置；其次，要将他与他所在社区其他人进行横向比较，寻找他们的联系与潜在的信息；再次，还要关注被访人的兴奋点，把握追问的方向调整。在所有这些信息的基础上，追问才是有的放矢的。以前调研时，经常听杨老师他们讲一些八卦，村里的八卦、不同时代的八卦，当时有些听了也就过去了。但是，后来发现，所有的这些"八卦"都是进行有效追问的基础。

我曾经请杨老师来重庆做过一次讲座，讲座后我和学生交流他们的收获。有个同学跟我说："感觉杨老师的田野工作方法我们无法复制，因为那样丰富又宽广的知识面、敏锐的观察能力，都是普通学生所不具备的。"我当时跟他们说："这就是对一个做调研的人的要求，需要有随时积累信息和捕捉细节的意识，并有意识地进行自我训练。"

例如，曾经有一次我们去重庆一个山村做摸底式调研，同行的学生问完了计划的问题之后有些不知所措，我们看被访的大妈对村里的庙很感兴趣，就继续追问了她们对庙会、捐钱修庙的参与情况。当时学生觉得这不重要，因为庙是民间信仰问题，而我们的主要任务是对这个村的生计情况和人口居住情况的摸底。但是，因为我们事先听村委会的人说过这个村老人居多、集体活动不好组织，但是庙上的活动他们参加得很踊跃；所以，在遇到这个话题点的时候，我们就在访谈提纲外进行了追问。而追问之后，我们发现，村里的老人爱参加庙上的活动、愿意去捐款修庙，不是因为"迷信"也不是信仰驱动，而是因为"庙"是留守老人社交活动的载体，同时"修庙"的组织过程，让老人们获得了成就感和意义感。

2. 生活史

第二个点是田野工作中对"生活史"研究的重视。在调研的过程中，我愈加体会到，"历史感"非常重要。一方面是对大历史的敏感与体会，另一方面就是对个人及家族的历史感的重视和把握。以前跟杨老师调研的时候，经常听老师们讲各种"野史"，大家都说可以再开一门课了。

到后来，我发现这些知识都是有用的。例如一次去重庆山区调研，本来访问的是村庄治理问题，被访者是一个民间"讼师"。而刚好和他一起在家的一个亲戚，是村里的老会计。于是，在访问过程中，从最初介绍单一的一个上访案例，就很快和他们家的家族史、村庄史，以及几十年的历史回溯结合起来，串起了盘根错节的脉络。而同时，我也发现了自己在这方面的知识积累还很不到位，书到用时方恨少。和老会计谈的时候，有些问题就停于表面深入不下去了。我当时感觉，有些事肯定不是他描述的那么简单，但是想要追问的时候却又发现找不到适当的切入点，因为自己对过去的历史不够了解。

我们在进行调研的过程中，常有人在访问中没有追溯被访者生活史的意识。为此，我和同事间还进行过激烈的讨论，有人觉得这是研究范式的差异，有人认为这是超出调研主题的内容。但我在每次访谈中，都尽量在时间允许的范围内去询问被访者的过去、家族的经历。有时候，问出的很多信息和故事似乎暂时真的是"没用"的。但是，当更多的生命故事汇在一起，小人物与大历史遥相辉映的感觉就更加强烈。带着这种感觉去尝试追问，也许就是一个积累的过程吧。

3. 研究者的位置

第三个点，也是最重要的一个点，就是研究者的位置。我还记得有一次去绍兴调研。讨论的时候，杨老师说过一句话，大致意思是：不要忘记我们调研者的存在本身，也是对田野的重要影响因素，我们试图调研的同时，被调研的人们也在看我们。

在自己开展研究之后，我日益感觉到，研究者自身的位置摆放真的是太重要了。而且，研究者必须要有这种自觉，认清自己的位置、明白自己的影响，并适当利用自己的影响，会让田野工作更加顺利。否则，缺乏自知与自觉，给自己的研究带来困难还是小事，给被访者的生活带来不必要的影响才是最不应该的。

我在重庆的工作中，有很多田野工作是"行动研究"。研究者不能假装自己的"价值中立"，本身就是代表着一种社会角色和利益关系进入社区，并必然会对社区的利益结构产生影响。这个时候，研究者的位置尤其要非常小心：怎样介入到村民的社会脉络之中，怎样推动一些规划的实施，怎样保证社区居民的主体参与，怎样平衡政府、高校、村民的利益关系，工作的介入程度，案例的记录程度与方法，遇到村民纠纷时研究者站怎样的位置……每一个点都要非常小心。即使在开始工作之前，我们有清晰的原则共识，但是在真正开展工作的过程中，项目组内部都会存在大量的争吵（而且争吵还常常没有结果）。

在这个过程中，我深深地意识到，田野工作，不是有一套清楚的规范、方法、原则、理论的指导就可以的。我后来也不再固执地要求别的同事按照我认为对的田野工作方法去工作。因为，田野调研不是一个简单的方法和方法论问题，它是一门有生命的艺术，而每一个田野工作者，都是个手工艺匠人。每一次的田野调研都是不同的，都有特别的生命体验，而每一次的经验积累又都会在未来的调研中形成新的方法、新的视角、新的问题。

我很喜欢将 fieldwork 翻译成"田野工作"，而不是简单的"社会调查"之类。因为"田野"是那样充满着丰富的生命力、想象力、复杂张力的场域。每一个田野工作者，在田野中播下无法预期的种子，从中生长出丰富多彩的故事，而他们在田野中打磨着的不仅是访谈，更是自己。

把写田野作为日常习惯

吴青阳

毕业后，不在学术圈，书本上的许多知识早已模糊生疏，唯有田野，一提便觉鲜活。那不是僵在纸页间的大道理，而是一件件事，一个个人。初听平常的事，沉心去看，动脑去想，理清来龙去脉，方能见微知著；初见平常的人，静心聆听，仔细观察，再平常的人，也有不平常的地方。

毕业之后做了两年记者，每见采访对象，当晚必写田野日记。杨门有规矩，田野结束后，人人要写田野日记，记事，记人，记所思所感所论。读书时总把这当成任务，有时拖延到拖无可拖再熬夜狂补。但不知何时，写田野却成了习惯，毕业后没人催也自觉地写了下去。

越写，越觉出好处来。新手刚入行，采访时往往来不及去琢磨对方话里的意思，回来写这个人，写他当时说的话，说话的神态语气，边写边想，理解往往能再深一层。

再者，从采访到写稿，中间往往会隔上数日乃至数十日。中间整理材料，与同事讨论，有了当时写下的田野日记作为依仗，底气足，出稿也能容易许多。

杂志社里不少同事都是社会学出身，但写田野的，就我一个。闲暇时聊起来，他们好奇，问我为什么这么喜欢写田野，写稿子还嫌不够累么。

我讲上面的理由。这些理由听起来都冠冕堂皇，能说服别人也能说服自己。但其实还有一个原因，我从来没有和别人提过。

不好意思提。

大约是我研二的时候，老师带我们去宁夏做田野。以往常去的点是一片拆迁后的安置社区，和住进高楼的农民聊。那次去的却像城中村，房子和建筑工地里工人住的临时房一样，都是薄薄铁皮搭成，夏热冬寒，风吹狠了还跟着摇晃。

房子成排，我们进了最尽头一间，与屋里的女人聊。屋里炉子上熬着药，女人恹恹坐在炉边，头发枯黄，眼神茫然，偶尔瞟我们一眼，大多数时候都盯着地面。

她说话有气无力，语调平平，但开了话头，就一直讲下去，一讲就是两个小时。

她是被婆家买来的媳妇。丈夫对她不好，她也不喜欢丈夫。逃跑几次，跑不远都被抓回来。后来生了孩子，婆家看得松了，她又跑。这次成功了，跑到四川打工，一年无事。突然有天她心口剧痛，差点死过去，晚上合眼做梦，一梦就梦到孩子。后来白天也恍惚起来，看哪儿都能看到自己的孩子。总这么下去不是办法，无奈之下，她又回了婆家。

　　回来后她听人讲，是婆家找人做了法，把她的一只鞋扔到井里，拘了她的魂回来。魂回来了，人当然也得跟着回来，不然就死在外头了。听说之后，她断了逃跑的心思。跑得再远又有什么用，婆家一拘魂，不是还得回来？

　　拘魂有后遗症。回来后，她身体大不如前，有时候走路都没力气，只能在椅子上一坐一天。这时村里有教徒来劝她入教，说能治病，主是大善人。教徒天天来，来了陪她聊天解闷，帮忙做家务。主善不善先不论，信主的看着倒是真善。她也就信了，跟着念《圣经》，做祈祷，家里也挂上了基督像。

　　但现在她又不太信了。当初她信主，嘴上说是为了治病，其实还存着更深的心思。在她想来，主这么全知全能，应该能保她不被拘魂，还能帮她惩罚婆家这群恶人。可是不管怎么祈祷，都不见主的回应，也没见婆家遭殃。她问其他教徒，人家说主不管这个，她就后悔信主了。但要说退出，好像也不容易，听说还会惹主生气，自己会遭报应。那只心里边想退教，主会不会知道？知道了会不会生气？自己会不会遭报应？她也不知道，于是活得更战战兢兢了。

时间已经过去了很久，关于她的事，我所记得的残缺不全，中间一定也有不少错漏。但她那种天地茫茫不知何处去的痛苦和怅惘，却在我的回忆中一次比一次深刻，一次比一次鲜明。

可惜听她讲这些时，我还不能真正体味到她的痛苦。她说了，我听了，当时叹息两声，出门走几步，脑子里就重新装满了自己的事情。那座铁皮屋子，连同里面的人，门一关，与我就是两个世界。

访谈完有讨论，还要写田野，但对那时的我来说，都是任务，不想多费心思。关于她的事，匆匆几笔带过，根本没去想她辛辛苦苦把自己的半生讲给一个陌生人听，为的是什么。

后来经历得多了，她的话，她的神情，连同那一铁皮屋子的药味，在我的脑海里慢慢浮现，从模糊变得鲜明，从无足轻重变得重若千钧。每次想起，我的内疚就深上一层。对于她的苦难，我不仅没有提供任何实质性的帮助，甚至都没有试图去理解。随意给她的痛苦经历套上社会学的框架去分析？那不叫理解，那叫消费。

本来，我至少可以认真为她写一篇田野日记，尽可能详细地记录下她的故事，记录下她讲话时的蹙眉与长叹，愤怒与木然，去思考那些信与不信、逃跑与回来背后，到底有多少挣扎，多少不甘，又有多少希望与绝望。那是我可以为她做的，最基本，但也是最重要的事——理解，与尊重。

后来我做记者仍坚持写田野，最根本的原因也不过如是。我希望自己能时时谨记，当别人坐下与我交谈时，我已经分享了他们的一段生命。将其中所见所思所感记录下来，在记录的过程中去思考，去理解，去体味，方能不辜负他们的分享，方能不辜负这段共同的时光。

后　记

　　这本小书，主要收的是自 2005 年以来我所发表的探讨如何做好田野调查的论文，涉及田野调查的方方面面，故应该说这是我在社会学的田野调查方面耕耘多年的一个记录。我自 1996 年开始投身社会学的田野调查，慢慢积累，逐渐形成了"意义探究"这样的现象学社会学的研究风格，并将此运用到自己的教学中，明确了以培养和提升学生综合能力的教学目标。现象学社会学那种积极认知的学习态度也让我与我的学生深为受益，这也是我至今仍积极投身于田野调查实践的原因。因此，我首先要感谢我们的研究团队，感谢当年和我一起努力在田野实践中从事学术探索的程为敏老师和刘小京老师，感谢众多的当年跟着我一起在田野调查中摸爬滚打的同学，这本小书同样也凝结着你们的心血，记录着你们的付出。当然，我还要感谢这么多年来一直支持和帮助我们开展这样的田野调查的各地的朋友、城乡基层干部以及我们的访谈对象，没有他们的帮助和合作，我们的研究团队也不可能将田野调查坚持至今。

2016 年我们的田野研讨会之前，在松溪的建议下，有17 位同学写下了自己田野调查的体会，晓娟不辞辛劳，仔细斟酌，将之编辑成文集。我觉得这从一个侧面反映了我们田野调查的特色，故与出版方商量，从中选出了松溪、梁晨、杜洁与青阳四篇收入本书。同时我也提议可以考虑在历年来同学们写的田野日记中选几篇有代表性的加以收录，因为这些日记，既是我们工作记录，又是田野调查村落社区变化的记录，还有同学们通过自己观察和思考对自己所听到、所看见的当地的人与事的感悟与分析。这些日记累积起来，具有难能可贵的学术价值。这就有了那篇多年来一直在我们团队中辗转相传、脍炙人口的宋婧深描纪阿姨的讨论会记录（蒋勤整理），以及秦滔那篇带有鲜明的现象学社会学特色的绍兴农村田野日记。这些体会和日记，已经变成了我们团队的共同财富，同时也从一个侧面记录下大家的成长。

前些日子，光启书局的姚映然总编辑来与我商量，说我在田野调查方面所做的努力是北京大学社会学系从学科建设的高度出发，在田野调查方面所下的功夫的一个反映，而且，我的探索对从事田野调查的学人来说也会有新的启发，有助于推进这项工作，可以将此作为田野调查方法的教学参考书，所以她建议我将此合成书稿交付出版。她的建议也正是我心中所想，故而我们就此达成了共识。

让我惊奇的是光启书局的高效。从 2024 年 5 月开始，姚映然总编辑和编辑顾逸凡、罗梦茜对书稿做了初步审读和编辑工作，然后又和我交流，敲定了正文内容并对我后写的"代前言"根据出版要求做了文字上的校订与修改。他们这样的速度与效率，真的是让我叹为观止。所以，在该书付梓出版之际，我要对光启书局的姚总编辑和顾编辑以及光启书局为此书出版付出自己劳动和心血的工作人员表示衷心的感谢。

守 望 思 想　　逐 光 启 航

LUMINAIRE
光启

做田野

杨善华　著

责任编辑　顾逸凡　罗梦茜
营销编辑　池　淼　赵宇迪
装帧设计　周伟伟

出版：上海光启书局有限公司
地址：上海市闵行区号景路 159 弄 C 座 2 楼 201 室　201101
发行：上海人民出版社发行中心
印刷：山东临沂新华印刷物流集团有限责任公司
制版：南京展望文化发展有限公司

开本：850mm×1168mm　　1/32
印张：9.75　字数：167,000　插页：2
2025 年 5 月第 1 版　　2025 年 6 月第 2 次印刷
定价：66.00 元
ISBN：978-7-5452-2035-3 / C·3

图书在版编目 (CIP) 数据

做田野 / 杨善华著 . -- 上海：光启书局，2025（2025.6 重印）.
ISBN 978-7-5452-2035-3
Ⅰ. C91-53
中国国家版本馆 CIP 数据核字第 2025PW4558 号

本书如有印装错误，请致电本社更换 021-53202430